Bernd Kaufmann • Algen-Fibel Gartenteich

Bernd Kaufmann

Algen-Fibel Gartenteich

Kein Problem mit Süßwasseralgen

Dähne Verlag

Fotohinweis:
Alle Fotos, außer den besonders gekennzeichneten, sind vom Autor.

Bibliografische Information der Deutschen Bibliothek

Die Deutsche Bibliothek verzeichnet diese Publikation in der Deutschen Nationalbibliografie; detaillierte bibliografische Daten sind im Internet über http://dnb.ddv.de abrufbar.

Bernd Kaufmann
Algen-Fibel Gartenteich
ISBN 978-3-935175-58-6

Lektorat: Ulrike Wesollek-Rottmann
Herstellung: Daniela Gröbel
Druck: Himmer AG, Augsburg
Printed in Germany

Inhalt

Vorwort

„Die Weisen erfreuen sich am Wasser."

Konfuzius

Gartenteiche liegen seit vielen Jahren stabil im Trend. Waren es früher überwiegend die klassischen Goldfischteiche, die ihren Besitzern Freude bereiteten, sind in neuerer Zeit Koi- und Schwimmteiche beliebte, wenn auch teilweise kostspielige Varianten des Themas. Selbst in kleinsten Gärten und sogar auf Balkonen und Dachterrassen finden Miniteiche mit Zwergseerosen und anderen Wasser- und Sumpfpflanzen ihren Platz.

Einen ganz besonderen Reiz bieten heute naturnahe Gartenteiche, in denen Pflanzen und überwiegend freiwillig einwandernde Tiere leben. Nur sehr selten werden in solchen Teichen kleine, möglichst einheimische Fische gepflegt.

Fisch- und Schwimmteiche sind zu einem hohen Prozentsatz mit allerlei Technik ausgestattet. Dabei nehmen Filter, Springbrunnen, Quellsteine und künstliche Bachläufe die Spitzenpositionen ein. In naturnahen Teichen wird fast immer auf jegliche Technik verzichtet.

Nahezu unüberschaubar ist das Angebot an unterschiedlichen Teichbaumaterialien, Fertigteichen, Teichtechnik, Pflege-, Dünge- und Futtermitteln, Pflanzen, Fischen und Dekorationsgegenständen. Eine Produktgruppe schlägt aber alle anderen in jeder Beziehung: Mittel und Gerätschaften zur

vorbeugenden und direkten Algenbekämpfung. „Google“ liefert zur Suchanfrage „Algenbekämpfung Gartenteich“ derzeit 128.000 Treffer.

Auch an Literatur über Teichbau, Filtertechnik, Pflege und Gestaltung der Wassergärten herrscht absolut kein Mangel. Warum also bei einem bereits riesigen Angebot ein Buch speziell über Algen im Gartenteich? Meist werden Algen zwar erwähnt, aber im Vergleich mit anderen Kapiteln scheint oft weder ihr Stellenwert im System, noch das Informationsbedürfnis der Leserschaft angemessen berücksichtigt zu sein. Anders sind unzählige Anfragen, die während der Gartenteichsaison bei den Hotlines und in einschlägigen Internet-Foren tagtäglich eingehen, nicht zu erklären.

Algen sind wahrscheinlich die meist gehassten Pflanzen, wenn sie nicht gerade als wichtige Zutat für Sushi oder andere Köstlichkeiten der asiatischen Küche gebraucht werden. Dabei sind sie Lebewesen von überragender Bedeutung für nahezu alles Leben auf diesem Planeten. Es ist keine Übertreibung: Algen sind in vielen Fällen Lebensretter in unseren Gartenteichen. Ohne sie würden unzählige Fische jämmerlich verenden. In diesem Buch soll mehr Verständnis für die Rolle der Algen in Teichen geweckt werden. Es wird gezeigt, welche Ursachen übermäßiger Algenwuchs hat und welche Veränderungen daraus hervorgehen.

Was neben der Ursachenforschung wahrscheinlich hauptsächlich interessiert, nämlich die erfolgreiche Eindämmung der Algenplagen, kommt selbstverständlich nicht zu kurz.

Sie als Leserinnen und Leser dieses Buches sind herzlich zum Dialog mit dem Autor eingeladen. Kontaktadressen finden Sie im Anhang.

Algenmassen in solchen Dimensionen lassen verständlicherweise Gedanken an „Ausrottung mit Stumpf und Stiel“ entstehen, denn so hat man sich den prächtigen Wassergarten bestimmt nicht vorgestellt.

Zu starke Vermehrung, zu viel Futter, zu wenige Unterwasserpflanzen und die Folgen: eine nahezu undurchsichtige grüne Suppe aus Schwebealgen.

Teichtypen

Auch für Gartenteiche gibt es durchaus erkennbare Trends, man ist fast geneigt, von Modeerscheinungen zu sprechen. Trotzdem ist es schwer, eine klare Rangfolge der Beliebtheit auszumachen. Zu unterschiedlich sind die Ansprüche und Vorstellungen der Interessenten, zu verschieden die räumlichen Verhältnisse und nicht zuletzt auch die finanziellen Möglichkeiten.

Der klassische Goldfischteich

Mit dem Wort Gartenteich assoziieren wohl die meisten Menschen hierzulande einen Teich, in dem Goldfische leben. Sehen sie einen Gartenteich und entdecken nicht sofort die etwas trägen und meist nur bei der Fütterung lebhaften Tiere, folgt regelmäßig die mehr oder weniger enttäuschte Frage „Und wo sind die Goldfische?". Böse Zungen behaupten, man könne sie nur deshalb so selten sehen, weil sie trotz ihrer mehr als auffälligen Färbung unter den Massen von Schwebealgen verborgen bleiben. In der Tat sind Schwebealgen, die auch als „grünes Wasser", Algen- oder Wasserblüte bekannt und gefürchtet sind, das am häufigsten genannte Problem in Goldfischteichen.

Die Ursachen für diese Massenentwicklung sind klar: Zu starker Eintrag von Nährstoffen durch Futter für die Fische und zu wenig Austrag in Form von Wasserwechsel und geernteter Pflanzenmasse. Mit zunehmendem Alter des Teiches verstärken sich diese Probleme drastisch, denn oft vermehren sich die Fische unkontrolliert und der Eintrag an Futter steigt entsprechend. Gleichzeitig wird der Pflanzenwuchs geringer oder die

„Nur drei Stück eingesetzt und nie gefüttert!" Und dann das – die Vermehrungsfreude bei Goldfischen kann gewaltig sein.

Pflanzen werden von den Goldfischen gefressen. Auch noch so große und leistungsfähige Filteranlagen sind nicht in der Lage, die Situation zu verbessern. Im Kapitel Filterung wird dies ausführlicher dargestellt. Gelingt es, z. B. mit UV-C-Wasserklärern die Schwebealgen zu vernichten, sodass sich das Wasser klärt, sollte man sich nicht wundern, wenn die dann durch Zersetzung freiwerdenden Nährstoffe in kürzester Zeit von prächtig wuchernden Fadenalgen genutzt werden.

Auch wenn die Goldfische nicht zusätzlich gefüttert werden, reicht das natürliche Nahrungsangebot in Teichen oft durchaus für eine erstaunlich zahlreiche Nachkommenschaft. Nicht immer ist deshalb der „Erzfeind" aller Goldfischfreunde, der Graureiher, ein Unglück für den Gartenteich, sondern ein umweltfreundliches Regulativ.

So hart es klingen mag – in manchen Fällen ist der Reiher eine indirekte und natürliche Algenbremse.

Der Koiteich

Unter den Teichfischen stellen Koi seit vielen Jahren unangefochten die Königsklasse dar. Der technische Aufwand für die Teichanlagen ist dementsprechend oftmals gigantisch. Insbesondere wird versucht, das Wasser möglichst kristallklar zu halten, denn man möchte seine edlen Koi auch sehen, egal in welcher Wassertiefe sie sich gerade befinden. Dass dies mit den natürlichen Bedürfnissen der Koi und damit der Karpfen nichts zu tun hat, wird schlicht ignoriert. Da es die technischen und chemischen Mittel gibt, werden sie auch eingesetzt. Zugegebenermaßen natürlich auch zum Wohle der Tiere selbst. Technik und Chemie sollten aber nicht zum Selbstzweck werden. Sie können nur in sehr begrenztem Rahmen die Haltungsbedingungen verbessern. Die Kardinalfragen sind aber, wie viel Wasser pro Fisch vorhanden sein muss und wie viel Wasser in welchem Rhythmus ausgetauscht werden soll.

„Klare Verhältnisse" werden von Koi und ihren Besitzern wahrscheinlich ziemlich unterschiedlich bewertet.

Ein klassischer asiatischer Wassergarten mit Koi.

Filter, die organisches Material aus dem Kreislauf entfernen, sind besser geeignet als herkömmliche, in denen Bakterien alles zersetzen und die mineralisierten Endprodukte ins System zurückbefördern.

Faustformeln für die Mindestmenge an Wasser pro Koi sind sehr beliebt bei denjenigen, die sie aufstellen und meist verhasst bei denen, die sich danach richten sollen. Es ist nicht Aufgabe dieses Buches, weitere mehr oder weniger sinnvolle Regeln aufzustellen. Deshalb hier nur ein Zitat aus dem Buch „Koi" von Christian-Peter Steinle und Sandra Lechleiter: „Ein Kilogramm Fisch und mehr pro Kubikmeter Wasser ist keine Seltenheit. Das ist etwa das Zehnfache der Menge, die am Ende der Saison auf einen Kubikmeter eines gut geführten Karpfenproduktionsteiches kommt. Koiteiche sind also sehr intensive und daher anspruchsvolle Haltungssysteme."

Das heißt schlicht, dass diese Haltungssysteme auch außerordentlich anfällig auf Störungen der Technik und kaum berechenbare äußere Einflüsse reagieren. Relative Sicherheit bringen deshalb nur Maßnahmen und Vorkehrungen, die unabhängig von der Technik auch über einen längeren Zeitraum stabile Wasserverhältnisse gewährleisten: möglichst viel Wasser auf möglichst wenig Fisch.

Ideal, aber sehr selten realisierbar, sind natürliche Zu- und Abflüsse oder ergiebige Brunnen mit geeigneten Wasserwerten und angemessener Temperatur. Wo dies nicht gegeben ist, bleiben nur vernünftiger Besatz, gute technische Wasserpflege und natürlich der herkömmliche Wasserwechsel.

Bei der Haltung von Großfischen in Teichen entstehen immer die gleichen Probleme, die letztlich zur Algenbildung führen. Was bei Goldfi-

links:
Schaumbildung ist meist ein untrügliches Zeichen für überlastete Filter und hohe Wasserbelastung. Auch große Hälterungsteiche stoßen bei solcher Besatzdichte an ihre Kapazitätsgrenzen. Im schlimmsten Fall ist die Schaumbildung auf massiven Einsatz von Medikamenten zurückzuführen.

schen die Vermehrung, sind bei Koi Wachstum, Größe und der entsprechende Stoffwechsel. Dies liefert den Algen die benötigten Nährstoffe für ihre Vermehrung. In beiden Fällen liegt ein meist krasses Missverhältnis zwischen Eintrag und Entnahme oder Abtransport dieser Nährstoffe vor. Anders ausgedrückt: Unterwasserpflanzen wachsen nicht, sind gar nicht vorhanden, wurden gefressen oder zerstört. Und der Wasserwechsel ist zu gering und findet viel zu selten statt. Der generelle Nachteil vieler Gartenteiche ist ihre zu geringe Größe für die Menge der gepflegten Fische. Man ist versucht, die alte Autofahrerweisheit zum Thema Hubraum abzuwandeln: Wasser ist durch nichts zu ersetzen, außer durch mehr Wasser.

Goldfische vermehren sich stark, Koi werden sehr groß. Hier scheint sich beides anzubahnen. Irgendwann wird dies auch bei großen Teichen Probleme verursachen.

Schwimmteiche

Für bekennende Warmduscher ist der Boom Schwimmteich angesichts achtmonatiger Heizperioden zwar kaum nachvollziehbar. Aber es soll ja auch Menschen geben, die sich im tiefsten Winter ein Loch ins Eis hacken und dann mit Begeisterung ins Halbgefrorene springen.

Wie dem auch sei, Schwimmteiche sind in vielerlei Hinsicht nicht mit den anderen Teichtypen vergleichbar. In aller Regel werden in ihnen keine Fische gepflegt und meist beschränkt sich die Bepflanzung auf abgegrenzte Areale. Je nachdem, wie stark sich der Schwimmteich vom gechlorten Pool unterscheiden soll oder darf, ergibt sich hier die Gelegenheit, Algen im wahrsten Sinne des Wortes hautnah zu erleben.

Beim Schwimmteich sind dann auch alle Möglichkeiten der Algenbekämpfung gefragt und werden auch genutzt: UV-C-Einsatz, mecha-

nische Feinfilterung, Phosphatbindemittel bis hin zu Algiziden. Filterung, auch wenn sie noch so gut ist, kann einen Schwimmteich kaum auf Dauer algenfrei oder auch nur algenarm halten. UV-C-Wasserklärer wirken ausschließlich auf die Organismen, die unmittelbar an der Lampe vorbeikommen. An wuchernden Fadenalgen können sie nichts ändern Phosphatbindemittel haben nur eine begrenzte Aufnahmekapazität. Bleiben also noch chemische Algenmittel, die Algizide enthalten (s. Kapitel Algizide). Wem Algen dermaßen unangenehm sind, sollte sich schon überlegen, ob ein gepflegter Swimmingpool nicht doch die bessere Alternative wäre.

Ob man es möchte oder nicht , in jeden Teich gelangen Nährstoffe von außen und oft auch schon bei der Anlage aus der Wasserleitung oder dem Brunnen. Ob sich daraus Algenplagen entwickeln, ist abhängig vom Verbrauch dieser Nährstoffe. Dafür sind die sogenannten Regenerationszonen gedacht. Mit ihrem möglichst starken Pflanzenwuchs leisten sie tatsächlich Erstaunliches. Allerdings

Foto: R. Weixler

Badespaß ohne Chlor und Gedränge – ein wunderschöner Schwimmteich.

Veronica beccabunga, Bachbunge oder Bach-Ehrenpreis ist eine ideale Pflanze für eine Regenerationszone. Sie ist nicht nur hübsch und anspruchslos, sondern nimmt auch viele überschüssige Nährstoffe aus dem Wasser.

wird ihr Potenzial nicht immer optimal genutzt. Würde man sie mit etwas größerer Wassertiefe anlegen, könnten zusätzlich zu den Sumpfpflanzen auch reine Unterwasserpflanzen für erheblich effektiveren Abbau eines Nährstoffüberschusses sorgen. Während grüne Fadenalgen nicht so einfach mechanisch zu entfernen sind, bereitet dies beispielsweise bei Hornblatt (Ceratophyllum demersum) überhaupt keine Schwierigkeiten.

Meist werden diese Regenerationszonen in etwa der gleichen Flächenausdehnung des Badebereichs angelegt. Da sie aber sehr viel flacher sind, beträgt der zur Bepflanzung nutzbare Wasserinhalt nur einen Bruchteil des Gesamtvolumens. Durch größere Tiefe für reine Unterwasserpflanzen und seichtere Zonen für Sumpfpflanzen könnte schon von Anfang an ohne großen Aufwand viel Ärger mit unerwünschten Algen vermieden werden.

Naturnahe Gartenteiche

Die steigende Beliebtheit dieses Gartenteichtyps hat viele Gründe. Immer mehr Menschen erkennen wohl einerseits eine stetig fortschreitende Verdrängung der natürlichen Umwelt, haben aber andererseits das Gefühl, wenigstens in ihrem engsten Umfeld selbst etwas dagegen tun zu können und auch zu wollen. Die bestechende Einfachheit, die Unabhängigkeit von der Technik, die Vielfalt der möglichen Ausführungen, Größen und Formen, die weitgehend freie Auswahl geeigneter Pflanzen, deren Entwicklung nicht durch pflanzenfressende Fische bedroht ist, die Gewissheit, dass auch in drei oder vier Urlaubswochen keinerlei Probleme mit dem Teich zu erwarten sind und nicht zuletzt der relativ geringe finanzielle Aufwand für die Realisierung dieser kleinen Idylle, lässt die Anhängerschaft naturnaher Gartenteiche stetig wachsen.

Werden bei der Planung und Materialauswahl keine extremen Fehler gemacht und nicht am falschen Ende (z. B. bei der Folie) gespart, gibt es mit den naturnahen Teichen die wenigsten Probleme. Vernünftige Pflanzenauswahl und gutes Wasser, sowie häufige Teilwas-

Submerse Pflanzen und Wasserwechsel sorgen seit 20 Jahren, ohne jegliche Technik, für sauberes Wasser ohne Faden- oder Schwebealgen.

Kein Platz und keine Nahrung für Algen, wenn Unterwasserpflanzen schon im Frühjahr so üppig wachsen.

serwechsel vorausgesetzt, sind solche Teiche zwar nicht absolut algenfrei, aber es treten keine störenden Algeninvasionen größeren Ausmaßes auf.

Naturnah bedeutet in aller Regel, dass keine Filter, Umwälzpumpen, UV-C-Geräte usw. verwendet werden. Fische werden ebenfalls nicht eingesetzt. Überhaupt wird kein Tierbesatz angesiedelt, denn das besorgt die Natur von alleine. Dadurch kann man auch relativ sicher sein, dass es sich mit hoher Wahrscheinlichkeit um einheimische Arten handelt. Dass in naturnahen Gartenteichen der Einsatz von Algiziden und sonstigen Pestiziden strikt zu vermeiden ist, sollte jedem Naturfreund klar sein.

Hat man einmal den Mut gefasst, der Natur die Regie zu überlassen, merkt man sehr schnell, wie wunderbar sich alle „Probleme" fast von selbst lösen. Das heißt nicht, dass man rein gar nichts mehr tun soll. Wasserwechsel, vorsichtiges Gärtnern und die Korrektur systembedingter Fehlentwicklungen sind notwendig. Beispielsweise führt kein Weg vorbei an der Entfernung von Pflanzen, die ein solches Kleingewässer in kürzester Zeit verlanden lassen. Doch sollten derartige Aktionen unbe-

Foto: R. Deible

In naturnahen Teichen sollten ordnende Eingriffe so selten wie möglich, aber so oft wie nötig erfolgen.

dingt frühzeitig und zur richtigen Jahreszeit stattfinden. Eigentlich sind stärkere Eingriffe zu jeder Zeit ungünstig, aber im zeitigen Frühjahr dürfte der angerichtete Schaden am geringsten sein. Größere entnommene Pflanzen sollten übernacht am Teichrand mit Wasserkon-

takt liegenbleiben. Mit einem sehr grobmaschigen Netz oder einem Drahtgitter können entnommene Pflanzen auch über dem Wasser platziert werden, damit unfreiwillig evakuierte Tiere wieder ins Wasser fallen.

Miniteiche

Die Sehnsucht nach einem kleinen Stückchen Natur im unmittelbaren Lebensbereich hat schon relativ früh zur besonderen Beliebtheit von Miniteichen jeglicher Couleur geführt. Sie haben auch tatsächlich fast überall Platz und sind sehr einfach zu realisieren. Vom eingegrabenen Mörtelkübel über oben offene Holzfässer und Bottiche, eingelassene alte Badewannen bis hin zu Aquarien auf dem Balkon sind der Fantasie kaum Grenzen gesetzt.

Bücher und Zeitschriften liefern Ideen und Anregungen in Hülle und Fülle; auch aus dem einfachen Grund, weil Miniteiche in kürzester Zeit und mit sehr geringem Aufwand zu realisieren sind. Sie sind prinzipiell die nahen „Verwandten" der naturnahen Gartenteiche. Wenn es nicht gerade Springbrunnen oder „Quellsteine" sind, kommen sie fast immer ebenfalls ohne jegliche Technik aus.

Fische sollten in diesen Miniteichen normalerweise kein Thema sein. Es sei denn, Aquarianer möchten es einmal mit einem Freilandaquarium und wirklich dafür geeigneten Tieren versuchen. Für Liebhaber von Wirbellosen wie z. B. Süßwasser-Zwerggarnelen und Zwergflusskrebsen könnten richtig ausgestattete Miniteiche höchst interessante Möglichkeiten bieten. Im Sommer ist dafür eine leichte Filterung über luftbetriebene Schwammfilter sinn-

Platz ist in der kleinsten Hütte – Ideen für Miniteiche.

Foto: H. Hieronimus

Sind die Algen an der Oberfläche verschwunden oder abgeschöpft, ist dies ein wunderschöner Miniteich. Er steht allerdings in Verbindung mit einem größeren Teich mit Fischbesatz.

voll. Im Winter kann man diese Miniteiche für Zwerggarnelen bei entsprechender Isolierung (Styropor) mit einem kleinen Heizer auf der für Garnelen zuträglichen Mindesttemperatur halten. Bei dieser Konstellation sind Algen sehr willkommen als Zusatznahrung.

Algen verschonen selbstverständlich auch solche Miniaturgewässer nicht. Obwohl sie ja keinen Schaden anrichten, werden sie wohl eher selten freudig begrüßt, wenn sie sich massenhaft ausbreiten. Aber die geringe Wassermenge bietet hier klare Vorteile. Man kann ohne großen Aufwand und in kürzester Zeit durch mehr oder weniger starke Wasserwechsel und Bepflanzung mit schnellwüchsigen Unterwasserpflanzen, sowie mit stark Nährstoffe zehrenden und Schatten spendenden Schwimmpflanzen eingreifen und somit korrigieren.

von links:
Ein paar Liter Wasser mehr und man kann sich an der Kleinen Seerose *Nymphaea candida* erfreuen.

Kann man Miniteiche in die Sonne stellen, sind darin auch tropische Schwimmpflanzen wie Muschelblumen gut zu pflegen.

Wasser und Wasserwechsel

Ein Gartenteich ist normalerweise nichts anderes als ein ins Freie verlegtes Aquarium. Die wichtigste Gemeinsamkeit ist die grundsätzlich begrenzte Wassermenge, die den Tieren und Pflanzen als Lebensraum zur Verfügung steht. In beiden gibt es in den meisten Fällen keinen natürlichen Zu- und Abfluss von Frischwasser. Dies unterscheidet beide Systeme grundsätzlich von natürlichen Gewässern.

Auch sogenannte Stillgewässer wie dieser Moorweiher haben in aller Regel Zu- und Ablauf.

Es ist leicht zu verstehen, dass insbesondere Organismen, die den Lebensraum Wasser nie verlassen haben (Fische, viele Wirbellose, Algen) und Arten, die wieder in diesen Lebensraum zurückkehrten (viele höhere Pflanzen, aber auch Tiere), sowie amphibisch lebende Tiere und Pflanzen, extrem stark auf für sie positive Wasserinhaltsstoffe angewiesen sind. Ebenso extrem stark leiden sie unter Schadstoffeinträgen in ihren Lebensraum.

In der Aquaristik hat sich im Lauf ihrer Geschichte die Erkenntnis durchgesetzt, dass regelmäßiger Wasserwechsel für das Wohlbefinden von Tieren und Pflanzen enorm wichtig und deshalb unverzichtbar ist. Beim Gartenteich scheint Wasserwechsel allen Beteiligten bedauerlicherweise noch immer ein Fremdwort zu sein.

Gesunde Wasserverhältnisse sind für Fische, Amphibien, Wirbellose, Insekten und Pflanzen lebensnotwendig.

Das biologische Gleichgewicht

Bei Naturgewässern interessieren uns Oberflächenwässer. Es wird grundsätzlich zwischen Fließgewässern (Flüsse, Bäche), „stehenden" (Seen, Weiher, Teiche) und temporären Gewässern (überwiegend durch Regenwasser gespeist) unterschieden. Fließgewässer stehen meist in zweifacher Weise mit dem Grundwasser in Verbindung. Zu Hochwasserzeiten wird Flusswasser in die Grundwasserleiter gedrückt, bei Niedrigwasser fließt Grundwasser ab. Permanente Fließgewässer transportieren ständig Wasserbelastungen ab und gleichen Nährstofflücken im Spurenelementbereich aus. In „stehenden" Gewässern sind die Verhältnisse differenzierter, da hier zahlreiche biologische Vorgänge ablaufen, die in Fließgewässern eine weit geringere Rolle spielen. Allerdings leben stehen-

Im Allgemeinen gleicht auch tagelanger Regen bestenfalls die Verdunstung aus und ist kein Wasserwechsel.

Durch nichts zu ersetzen: sauberes Frischwasser.

de Gewässer, wenn sie nicht zu den temporären kleinen Regenwasseransammlungen gehören, überwiegend von ihren Zu- und Abflüssen. Objektiv betrachtet gehören die meisten Gartenteiche zu den zuletzt genannten temporären Wasseransammlungen, die nur deshalb nicht austrocknen, weil verdunstetes Wasser normalerweise wieder aufgefüllt wird. Aber weder das Nachfüllen, noch der Ausgleich durch Regen hat etwas mit Wasserwechsel oder Austausch zu tun, denn was verdunstet, ist „destilliertes", reines Wasser.

Schadstoffe und Wasserbelastungen verschiedenster Art nehmen zu, während das Wasser gleichzeitig unaufhörlich Spurenelemente durch Verbrauch und / oder Oxidation verliert. Dies wird noch dadurch extrem verstärkt, dass in den im Vergleich zu Naturgewässern permanent stark überbesetzten Fischteichen Belastungen und Verbrauch sehr viel schneller zunehmen. Außerdem kommt hinzu, dass die meisten Fische in Teichen maßlos überfüttert werden. Das in der Natur in intakten Gewässern tatsächlich existierende biologische Gleichge-

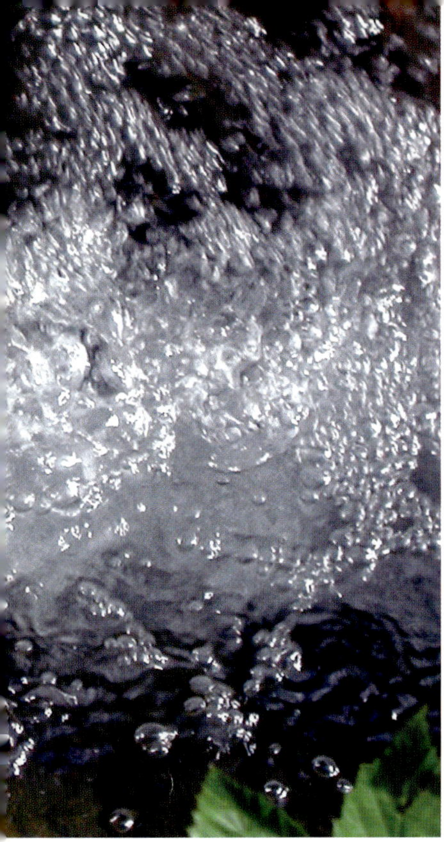

wicht ist im mit Fischen besetzten Gartenteich systembedingt, ohne oder mit zu geringem Wasserwechsel, unmöglich zu erreichen. Hier wird nicht selten das biologische Gleichgewicht zu einem Gleichgewicht des Schreckens für die Bewohner und in Form von massenhaft wuchernden Algen auch für die Teichbesitzer. Dazu muss aber gesagt werden, dass Algen in solchen Teichen geradezu ideale Helfer für die Fische sind, denn sie übernehmen die Aufgaben schnellwüchsiger Pflanzen. Sie verbessern die Wasserqualität und produzieren Sauerstoff.

Für ein biologisches Gleichgewicht, das diesen hochtrabenden Namen verdient, müssen sich Ein- und Austrag möglichst ununterbrochen die Waage halten. Während in der intakten Natur kontinuierlicher Wasseraustausch und damit Ausgleich erfolgt, kommt dieser in Gartenteichen mit bisher üblichen Wasserwechselmengen nahezu vollständig zum Erliegen. In nicht künstlich beeinflussten Naturgewässern regeln Nahrungs- und Raumangebot die Populationsdichte von Produzenten, Konsumenten und Destruenten. Nicht so im Gartenteich. Primärproduzenten wie Cyanobakterien („Blaualgen") und echte Algen werden gnadenlos bekämpft, andererseits werden vergleichsweise riesige Nahrungsmengen durch die Pfleger eingebracht. Natürliche Dezimierung der Besatzdichte wird selbstverständlich ebenfalls verhindert, indem man keine räuberischen Arten einsetzt und natürlich auch dem Reiher die geliebten Fische nicht kampflos überlassen möchte.

Unter der Voraussetzung, dass geeignetes Wasser zur Verfügung steht, kann man zusammenfassend für den Wasserwechsel eine einfache Empfehlung geben: Je mehr und je häufiger, desto besser.

Welches Wasser für welchen Teich?

Weit wichtiger als die exakte Zusammensetzung ist unbelastetes Frischwasser.

Für den naturnahen Gartenteich ist fast jedes Wasser, das in der Region aus der Leitung oder dem Brunnen kommt, geeignet. Auch sauberes Regenwasser kann problemlos verwendet werden, wenn es in ausreichender Menge zur Verfügung steht. Dann lassen die ersten Gäste, zum Beispiel Wasserläufer (*Gerris lacustris*), nicht lange auf sich warten und nehmen das neue Kleingewässer oft schon beim Einlassen der Erstfüllung gerne in Beschlag.

Der Gartenteich für Fische sollte selbstverständlich mit Wasser gefüllt werden, das für die jeweiligen Arten gut geeignet ist. Glücklicherweise sind sowohl Goldfische als auch Koi diesbezüglich nicht gerade sehr anspruchsvoll. „Idealwerte" dürfte es für diese Tiere kaum geben. Dazu ist die Bandbreite dessen, was als gut geeignet genannt wird, schon viel zu groß. Angesichts der ganzen Diskussionen und Empfehlungen um die zuträglichen Wasserwerte sollte man pragmatisch vorgehen: Es nützt wenig, den Fischen ein Wasser zusammenzubasteln, das angeblich ihren Ansprüchen ideal genügt, wenn beim nächsten starken Regen oder beim notwendigen Wasserwechsel die Gesamt- und Karbonathärte sowie der pH-Wert drastisch verändert werden, weil mit starkem Regen buchstäblich verwässert wird und beim Wasserwechsel vielleicht nicht die notwendige Menge aufbereitetes Wasser zur Verfügung steht.

Die genaue Wassermenge des Gartenteichs zu kennen, ist für na-

Wasserläufer, *Gerris lacustris*, gehören fast immer zu den ersten Gästen am neuen Teich.

Mit den ersten Pflanzen halten wahrscheinlich auch Muschelkrebschen (*Heterocypris incongruens*) und weitere Kleinkrebse Einzug in den neuen Teich.

turnahe Teiche nicht so wichtig, da normalerweise weder Algenmittel, noch Medikamente für Fische verabreicht werden. Für Fischteiche ist die Situation anders. Hier ist es manchmal sehr wichtig, den genauen Inhalt des Teichs zu kennen. Deshalb wird empfohlen, die Erstfüllung mit einer Wasseruhr (Leitung, Hauswasserwerk oder Brunnen) zu messen. Von der Methode, durch Erhöhung der Karbonathärte mit einer bestimmten Menge von Natriumhydrogencarbonat (Natron) und Vergleichsmessungen den Teichinhalt zu berechnen, wird hier abgeraten. Der Stoff ist zwar ungiftig, verursacht jedoch eine erhebliche Zunahme der elektrischen Leitfähigkeit und erhöht den pH-Wert. Beides kann bei empfindlichen Organismen und Fischen zu osmotischen Störungen führen. Außerdem sind sowohl die genaue Durchführung als auch die richtige Berechnung ganz und gar nicht so einfach, wie es gern dargestellt wird. Mögliche Fehler sind nur so lange bedeutungslos, bis das Ergebnis für eine praktische Anwendung gebraucht wird. Dann können sie aber schnell unabsehbare Folgen haben.

Für Fischteiche unentbehrlich, falls einmal Medikamente verabreicht werden müssen: Wassermenge der Erstfüllung mit der Wasseruhr messen.

Die Gesamthärte und weitere wichtige Werte des örtlichen Leitungswassers erfahren Sie jederzeit von Ihrem Wasserversorger.

Die wichtigsten Wasserwerte

Die Antwort auf die Frage, ob man sich mit den diversen Wasserwerten beschäftigen muss, richtet sich in erster Linie danach, ob man einen naturnahen Teich pflegt, oder ob man Fische halten möchte. Beim naturnahen Teich besteht kein zwingender Grund, sich damit zu beschäftigen, aber wie fast immer – ein wenig mehr Wissen um die Zusammenhänge schadet ganz sicher nicht.

Wer Fische pflegt und damit rechnen muss, dass sich die Wasserwerte ändern und eventuelles Eingreifen erforderlich wird, ist sicher gut beraten, sich wenigstens ein wenig mit der Wasserchemie zu befassen. Eine grundsätzliche Empfehlung: Wenn Sie Wasserwerte messen, die für Ihre Tiere und Pflanzen, bzw. für Dosierungen von Medikamenten, Pflegemitteln oder Algiziden wichtig sind, sollten Sie keine Mehrfach-Tauchtests verwenden, sondern für jeden Wert Tropftests (GH, KH) oder zuverlässige Einzel-Tauchteststäbchen (pH, Nitrat) wählen. Geht es nur darum, eine sehr grobe Orientierungsmessung durchzuführen, sind Mehrfach-Tauchtests geeignet.

Gesamthärte GH

Sie ist definiert als Summe der im Wasser gelösten „Erdalkali-Ionen“ oder kurz „Erdalkalien“: Calcium, Magnesium, Barium und Strontium. Barium und Strontium können vernachlässigt werden, da sie nur in Spuren vorkommen. Gesamthärte ist auch gemeint, wenn die Wasserversorger von der „Wasserhärte“ sprechen. Gemessen wird in „Grad deutscher Härte“, °d GH.

Karbonathärte KH

Die Karbonathärte wird gebildet durch die Hydrogencarbonat-Ionen, wenn diese eine entsprechende Menge an Calcium- und Magnesium-Ionen (Bildner der Gesamthärte) als Partner finden. Diese Hydrogenkarbonate reagieren alkalisch und stellen zusammen mit der Kohlensäure den pH-Wert ein. Eine hohe Karbonathärte lässt tendenziell den pH-Wert in den alkalischen Bereich steigen, bei niedriger KH geht der pH-Wert eher nach unten in den sauren Bereich. Man spricht in diesem Zusammenhang auch von der pH-Pufferung durch die Karbonathärte, weil sie den pH-Wert weder zu weit absinken, noch zu stark ansteigen lässt.

Wie aus den Bezeichnungen der beiden Härtewerte hervorgeht, kann die Karbonathärte eigentlich nur ein Teil der Gesamthärte und damit kleiner oder höchstens gleich sein. In natürlichen Wässern ist dies

Wenn Messungen notwendig sind, sollte mit zuverlässigen Tropftests gemessen werden.

auch überwiegend der Fall. Da es hier um Praxis und möglichst wenig Theorie geht, sei nur erwähnt, wie zu verfahren ist, wenn bei einer Messung der seltene Fall KH > GH festgestellt wird. Dann gilt Karbonathärte = Gesamthärte.

Als Beispiel: Mess-Wert GH 10 °d, KH 12 °d. Ist-Wert GH 10 °d, KH 10 °d. (Aus Krause, Handbuch Aquarienwasser, 6. Auflage)

Daraus geht hervor, dass die Karbonathärte eine weit wichtigere Rolle spielt als die Gesamthärte. Meist wird empfohlen, die KH nicht unter 3 – 4 °d absinken zu lassen, bzw. weicheres Wasser mindestens soweit aufzuhärten. Wenn Sie Fische pflegen und eventuell damit rechnen müssen, dass Medikamente verabreicht und vielleicht sogar chemische Algenbekämpfungsmittel eingesetzt werden, sollten Sie diese Empfehlungen umsetzen. Bei einem Schwimmteich oder gar einem naturnahen Teich können Sie sich aber durchaus auch auf andere Puffersysteme verlassen. Zum Beispiel sind

Bei intensiver Fischhaltung ist die Pufferwirkung der Karbonathärte wichtig und sollte regelmäßig kontrolliert werden.

Teuer, aber gut: pH-Messgerät. Es gibt aber auch sehr preiswerte und ausreichend genaue Tropf- und Tauchtests.

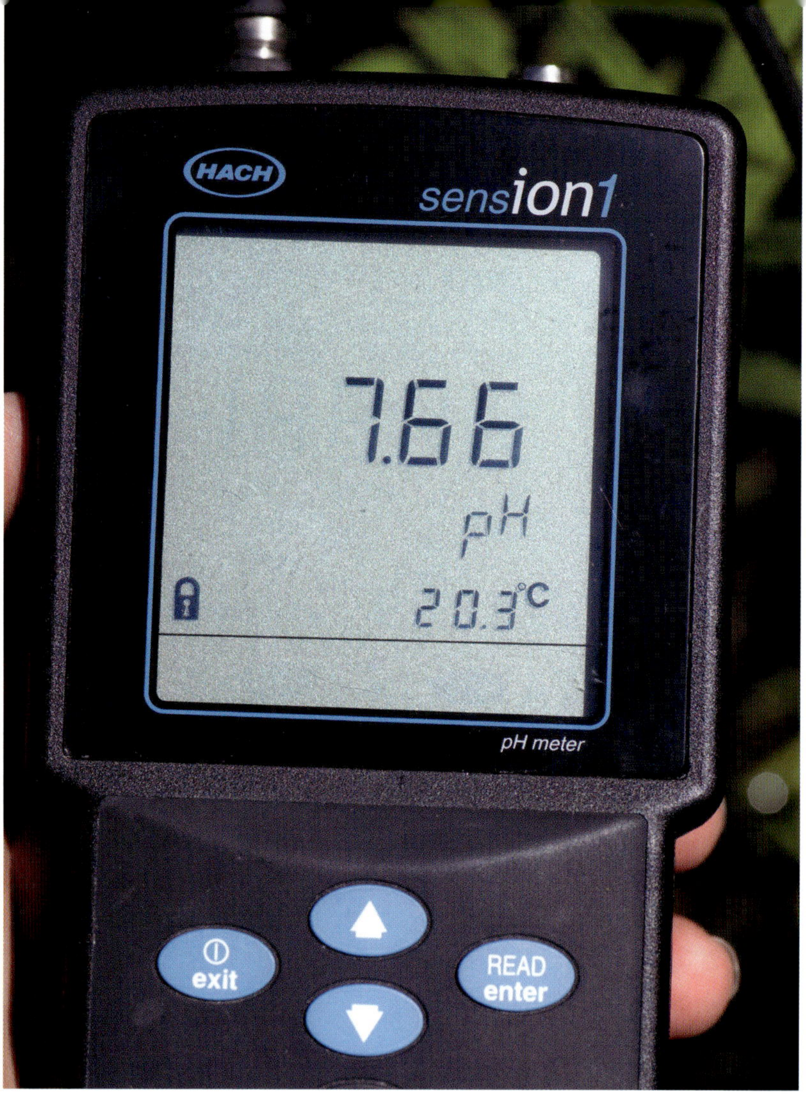

Humin- und Fulvosäuren sehr gute natürliche pH-Puffer, doch dazu mehr unter „Ketzerisches".

Der pH-Wert

Der pH-Wert beschreibt die neutrale, saure oder alkalische Reaktion wässriger Lösungen. Die Zahlenskala reicht von 0 bis 14. Damit ist ein Wasser mit pH 7 neutral, also weder sauer noch alkalisch. Unter pH 7 = sauer, über pH 7 = basisch oder alkalisch. Wie bereits bei der Karbonathärte beschrieben, stellen die Hydrogenkarbonate und die Kohlensäure den pH-Wert ein und die Karbo-

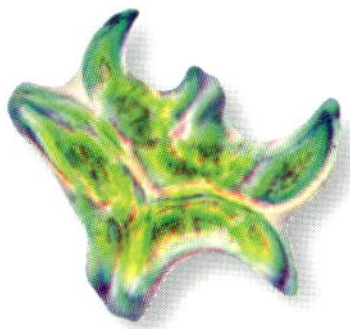

nathärte wirkt so als pH-Puffer nach unten und oben.

Im Aquarium wird der pH-Wert oft „automatisch" durch die Zugabe von CO_2 für die Pflanzen nach unten korrigiert. Im Gartenteich dürfte dies schon aus rein wirtschaftlichen Gründen nicht möglich sein. Also folgt der pH-Wert dort dem natürlichen Gegebenheiten. Dazu gehören auch andere Säuren als die Kohlensäure, vor allem in Teichen mit Fischen und Fütterung derselben.

Der pH-Wert wird in „Wundersames" ausführlicher behandelt. Die Messung erfolgt am besten mit Tropftests, reinen pH-Tauchtests mit sogenannten „nichtblutenden" Teststäbchen, oder mit elektrischen Messgeräten. Vor allem bei diesem Wert verdienen die Mehrfach-Tauchtests ihren Spitznamen „Ratestäbchen" zurecht.

Nitrat (NO_3^-), Phosphat (PO_4^{3-})

Die beiden Werte werden hier nur deshalb zusammen behandelt, weil sie in aller Regel denselben Ursprung haben, sieht man einmal davon ab, dass heute leider immer mehr Wasserversorger das Phosphat dem Leitungswasser beimischen. Sie tragen auch beide zum gleichen Ergebnis bei: Algenwachstum.

Nitrat stammt als Endprodukt der Nitrifikation zum überwiegenden Teil aus dem Futter und dem Stoffwechsel der Tiere. Um eine Vorstellung zu bekommen: In 100 Gramm Eiweiß sind ca. 17 Gramm Stickstoff (N) enthalten. Dieser wird über die Stufen Ammoniak / Ammonium (NH_3 / NH_4^+), Nitrit (NO_2^-) zu Nitrat (NO_3^-) umgewandelt. Das Ergebnis der Umwandlung: Aus 17 g N wurden 75 g Nitrat (NO_3^-)! (Krause, Handbuch Aquarienwasser)

Nitrat und Phosphat gelten zurecht als algenfördernde Makronährstoffe. Haben die Algen bereits eine Wasserblüte ausgelöst, sind aber oft beide bei Messungen nicht mehr nachweisbar, weil sie von den Schwebealgen aufgenommen wurden.

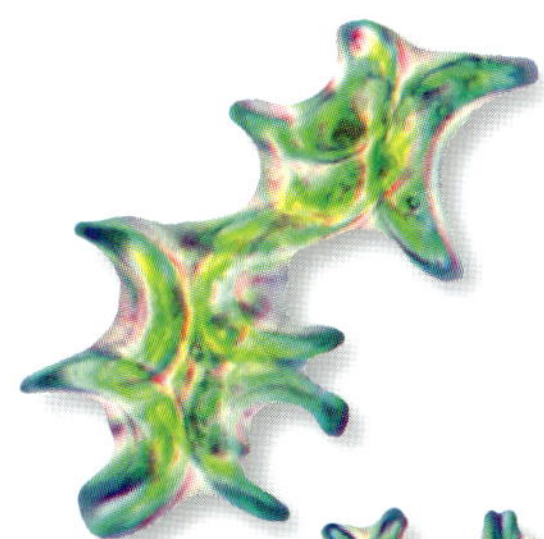

Nitrat liegt jedoch nicht vollständig als NO_3^- vor, sondern als Salpetersäure, HNO_3. Diese wiederum zerstört die Karbonathärte und führt im Extremfall zum sonst sehr seltenen „Säuresturz“, bei dem der pH-Wert schlagartig sehr stark gesenkt wird. Fische überleben solche Katastrophen nur, wenn sofort richtig gehandelt wird: Fische augenblicklich in sauberes Wasser umsetzen, oder sofort große Mengen Frischwasser zuführen.

Nicht nur Trockenfutter hat seinen Anteil an der Zunahme von überschüssigen Nährstoffen. Auch Wasserflöhe (Daphnien), Mücken- und Fliegenlarven, Hüpferlinge usw. dienen größeren Räubern wie z. B. den Libellenlarven und den Fischen als Nahrung.

Phosphat (PO_4^{3-}) zählt schon sehr lange zu den Hauptverdächtigen, wenn irgendwo eine Algeninvasion gemeldet wird. Handelt es sich um „Blaualgen“, die ja gar keine echten Algen sind, sondern Fotosynthese betreibende Bakterien, müssen alljährlich für viele Gewässer Badeverbote ausgesprochen werden, da manche Blaualgen giftige Wasserblüten verursachen können. In solchen Fällen wird gerade über zu viel Phosphat als wichtigstem Algennährstoff geklagt und darüber beraten, wie man es wieder aus den Gewässern entfernen kann. Ironie des Schicksals, oder schlicht Ignoranz: Oft wird Phosphat absichtlich für viel Geld dem Wasser beigemischt, aus dem man es später für noch mehr Geld wieder entfernen muss. Aus Waschmitteln wurde es wegen erkannter Gewässerüberdüngung verbannt, dem Leitungswasser wird es vielerorts wieder zugesetzt.

Doch zurück zu den Algen. Stickstoff und Phosphor sind unentbehrliche Nährstoffe für Pflanzen. Algen sind ebenfalls Pflanzen und können meist schneller einen Überschuss nutzen. Da in Leitungs- oder Brunnenwasser bereits ein Überangebot

beider Stoffe vorkommen kann, ist es sinnvoll, schon vor der Erstbefüllung des Gartenteichs diese Werte in Erfahrung zu bringen oder sie selbst zu messen. Je nach Ergebnis kann es notwendig sein, über Mischungen oder totalen Ersatz mit oder durch Regenwasser, oder über aufbereitetes Wasser nachzudenken. Ein Nitratgehalt von bis zu 20 mg/l und ein Phosphatwert von bis zu 0,5 mg/l sollten noch leicht beherrschbar sein. Unter Wasser schnell wachsende Pflanzen sind dabei ideale Prophylaxe gegen Algen aller Art (s. Kapitel „Pflanzen gegen Algen").

Sollten Sie an dieser Stelle den enorm wichtigen Sauerstoff (O_2) vermissen – er wird beim nächsten Thema mit behandelt, weil er dort eine zentrale, ja entscheidende Rolle spielt.

Auch Stechmückenlarven werden im Gartenteich gefressen. Deshalb gibt es in der Nähe von Teichen kaum Stechmücken.

Filterung

Über Geschmack lässt sich bekanntlich trefflich streiten. Irgendwie erinnert dieser Skimmer aber doch sehr an eine im Wasser entsorgte Felge.

Herkömmliche Teichfilter unterschiedlichster Bauart ohne besondere Zusatzeinrichtungen wie z. B. UV-C-Strahler, sind nicht in der Lage, Schwebealgen auszufiltern. Gegen Fadenalgen können sie erst recht nichts ausrichten. Trotzdem glauben viele Teichliebhaber, dass ein möglichst großer Filter mit hoher Umwälzleistung alle Probleme lösen kann. Das ist reines Wunschdenken.

In einem guten Filter bauen verschiedene Bakteriengruppen in einem oxidativen Prozess organische Verbindungen ab und um. Als Beispiele für die Endprodukte seien hier Nitrat und Phosphat genannt, die bereits bei den Wasserwerten behandelt wurden. Nitrat und Phosphat sind allerdings die Endstufen dieser Prozesse und reichern sich in gut mit Fischen besetzten Teichen schnell an. Damit sind zwei wichti-

ge, ja sogar entscheidende potenzielle Algen-Nährstoffe vorhanden und werden ständig nachgeliefert.

Algen wachsen aber oft derartig rasant, dass die Stoffe bereits in ihnen festgelegt sind und sich deshalb der normalen Messung entziehen. „Einwandfreies Wasser, keine überschüssigen Nährstoffe!" ist nicht selten die Antwort auf entsprechende Nachfragen. Fest steht aber, dass es massiven Algenwuchs ohne diese Makro-Nährstoffe nicht geben kann. Also standen sie zumindest während der Entstehung der Population in ausreichender Menge zur Verfügung.

Eine saubere Wasseroberfläche ist der Wunsch der meisten Teichbesitzer. Deshalb wurden sogenannte Skimmer (Oberflächenabsauger) entwickelt, die ständig das Oberflächenwasser in den Filter leiten. An der Oberfläche kommt es tatsächlich aus verschiedenen Gründen zu einer Konzentration diverser Stoffe, die nicht selten zur Bildung einer unschönen Kahmhaut führen. Doch ist zu fragen, was danach mit den Stoffen geschieht. Sie werden dann einfach von Bakterien im Filter verarbeitet, was zu den gleichen Endprodukten und damit zu Algennährstoffen führt. Es ist eine rein optische Verbesserung.

Spitzschlammschnecken sind sehr gute und fleißige „Oberflächenabsauger" und verwerten so einen großen Teil der aufgenommenen Bakterien, Algen und sonstigen Organismen.

In Teichen mit wachsenden Unterwasserpflanzen oder Algen herrscht beim Sauerstoff eher Überfluss als Mangel.

Durchaus vergleichbar mit der wunderbaren Methode, den in der ganzen Wohnung zusammengefegten Schmutz am Schluss mit dem letzten Schwung des Besens elegant unter dem Teppich verschwinden zu lassen.

Filter können normalerweise nur mehr oder weniger grob mechanisch filtern und biologisch die giftigen Stufen der Nitrifikation bis zum Nitrat bewältigen. Erst mit UV-C-Lampe oder anderen Zusatzeinrichtungen gelingt es dann, auch Schwebealgen zu entfernen. Die Nachteile, die sich daraus ergeben, werden unter diesem Stichwort beschrieben.

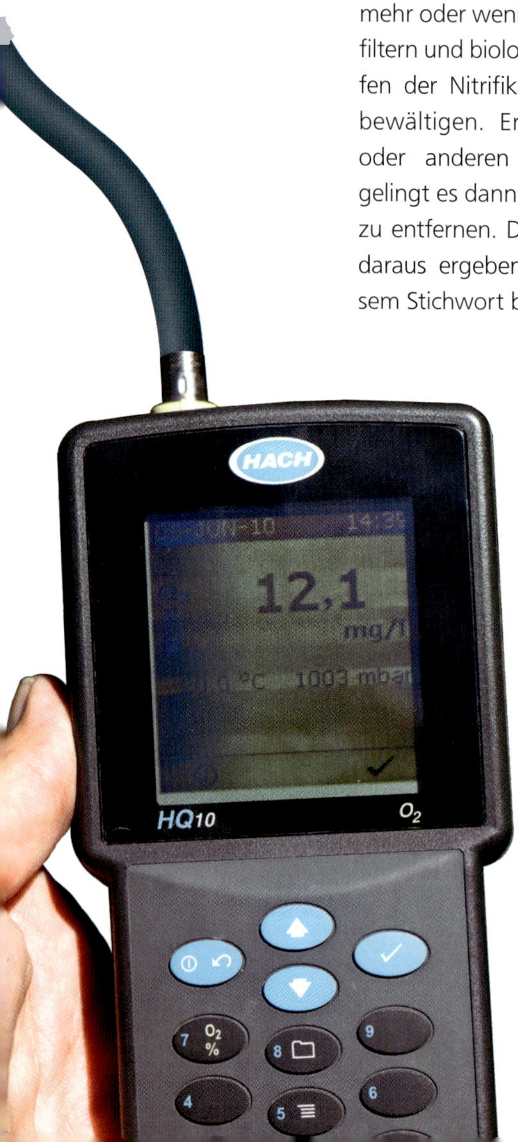

Nitrifikation ist ein biochemischer Oxidationsprozess, er erfordert erhebliche Mengen Sauerstoff. O_2 ist in normalen Teichen, die nicht hoffnungslos überbesetzt sind und in denen Pflanzen und/oder Algen wachsen, sicher keine Mangelware, was genaue Messungen zu allen Jahreszeiten und an verschiedensten Teichen und anderen Stillgewässern eindrucksvoll beweisen.

Leider scheuen sich Teichbesitzer oft, die etwas komplizierten Sauerstoffmessungen durchzuführen. Es ist deshalb leicht, die Mär vom alles dahinraffenden Sauerstoffmangel weiter zu verbreiten. Deshalb werden Teichfilter mit immer irrwitzigeren Umwälzleistungen verkauft. Viele Teichliebhaber verstehen die Welt nicht mehr, wenn ausgerechnet im Bereich der stärksten Strömung die dicksten Algenpolster wachsen. Sogar mit Wasserstoffperoxid (H_2O_2), einem starken Oxidationsmittel, versucht man, noch mehr Sauerstoff ins Wasser zu bekommen und die ohnehin bereits auf Hochtouren laufende Oxidation weiter anzukurbeln. Dies schadet aber den höheren Wasserpflanzen, da wichtige Spurenelemente wie Eisen und Mangan schneller oxidiert und damit immobilisiert werden.

von oben:
In der stärksten Strömung wachsen oft die dicksten Algenpolster. Typisch sind solche Algenvorkommen im Strömungsbereich von natürlichen und künstlichen Bachläufen.

Künstliche Bachläufe werden überwiegend aus optischen Gründen angelegt. Sind sie von Algen besetzt, haben sie jedoch biologische Filterwirkung.

Wundersames

Algenwuchs durch hohe Temperaturen und pH-Werte?

rechts:
Im ganzjährig 8 °C „warmen" Wasser dieses Quellgebietes wachsen auch im tiefsten Winter submerse Pflanzen. Durch weniger Licht in den Wintermonaten ist jedoch deutlich weniger Zuwachs zu registrieren. Ein Beweis für den untergeordneten Einfluss der Temperatur auf den Wuchs von Pflanzen und Algen.

Oft hört man die Behauptung, dass wegen zu hoher Temperaturen das Algenwachstum geradezu explodiere. Vor allem Schwebealgen sind es dann auch, die gerade während der „Hundstage" (kalendarisch vom 23. Juli bis 23. August) tatsächlich vermehrt die Gartenteiche grün färben. Doch dies hat weniger mit der Temperatur als mit dem Licht zu tun. Sind genügend Nährstoffe vorhanden und kommt dazu viel Sonnenschein, vermehren sich Schwebealgen extrem schnell. Die erwiesenermaßen zusätzliche Anregung des Stoffwechsels bei fast allen Pflanzen und Tieren spielt in diesem Zusammenhang eine völlig untergeordnete Rolle.

In Quellgebieten, deren charakteristische Eigenschaft die ganzjährig gleichbleibende Temperatur ist und in denen auch ganzjährig Pflanzenwuchs vorhanden ist, geht eindeutig in der lichtarmen Jahreszeit das Wachstum deutlich zurück. Da Algen ebenfalls Pflanzen sind, gilt dies für sie ebenfalls. Somit ist zwar die Beobachtung, dass bei höherer Temperatur auch der Algenwuchs zunimmt, durchaus richtig, aber es wird ein Zusammenhang konstruiert, der nur zu einem sehr geringen Teil ursächlich ist. Die Hauptgründe für starken Algenwuchs sind Nährstoffe und Licht.

Ebenfalls oft gehört und gelesen: Hoher pH-Wert begünstigt Algenwuchs. Die Empfehlung lautet dann spontan, den pH-Wert mit Säuren zu senken. Dies ist die klassische Verwechslung von Ursache und Wirkung, wobei es in der Biologie sowieso nie so einfach zugeht, dass man eine Ursache und eine Wirkung hat und beide isoliert von anderen Faktoren betrachten darf.

In diesem Fall ist es ausnahmsweise relativ einfach zu erkennen.

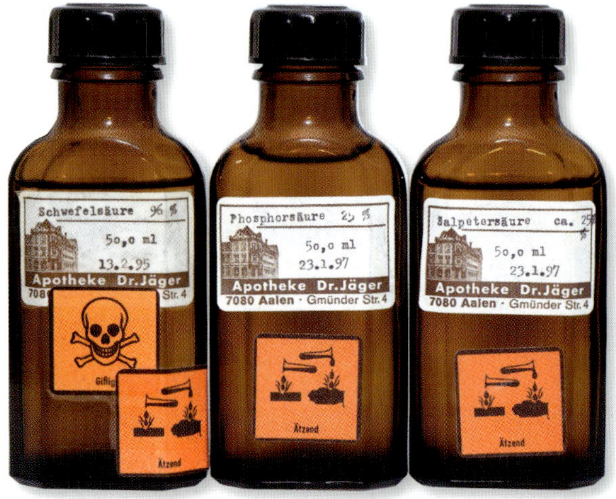

Die biogene Entkalkung lässt den pH-Wert hoch ansteigen. Darauf mit Zugabe von Säurecocktails zu reagieren, ist völlig sinnlose und sehr gefährliche Symptombekämpfung

Starker Algenwuchs braucht große Mengen Kohlendioxid (CO_2), das normalerweise einen limitierenden Faktor darstellt. Algen sind aber zur sogenannten „biogenen Entkalkung" befähigt. Sie holen sich das CO_2 aus der vorhandenen Karbonathärte und sind damit gut mit ihrem mengenmäßig wichtigsten Nährstoff versorgt. Dabei steigt jedoch der pH-Wert sehr hoch an. Hier ist also, vereinfacht ausgedrückt, der Verbrauch von CO_2 die Ursache und der Anstieg des pH-Werts die Wirkung.

Da aber starker Algenwuchs außer CO_2 auch noch große Mengen der Makro-Nährstoffe braucht, liegt auch für diesen Fall die richtige Lösung im Wasserwechsel, der sowohl den pH-Wert schnell senken kann und die überschüssigen Nährstoffe reduziert. Eine vernünftige, weil natürliche Möglichkeit, den pH-Wert etwas zu senken, lernen Sie im folgenden Abschnitt kennen.

Ketzerisches

Es gibt kaum ein Buch, kaum einen gedruckten Ratgeber, keine Website und kaum ein Internet-Forum zum Thema Gartenteich, in dem nicht eindringlich darauf hingewiesen wird, wie enorm wichtig es ist, den Nährstoffeintrag in den Teich durch Falllaub zu verhindern. Es fehlt nur noch die Androhung ewiger Verdammnis in der Fadenalgenhölle, wenn nicht augenblicklich jedes in den Teich gewehte Blatt entfernt wird. So finden Laubschutznetze, Teichschlammsauger, Kescher mit meterlangen Teleskopstielen und Greifzangen alljährlich

In Natur und Aquarien hilfreich und algenhemmend: Buchenlaub und Seemandelbaumblätter (*Terminalia catappa*). Aus welchem Grund soll dies im Gartenteich schädlich sein?

In Aquarien schon seit langer Zeit erfolgreich in Anwendung: Seemandelbaumblätter als Gerbstofflieferanten.

den Weg zu unzähligen Gartenteichen. Statt entspannt die letzten Sonnenstrahlen und die Farbenpracht des Herbstlaubs im Goldenen Oktober am Teich zu genießen, wird Laub gesammelt, als würde man dafür fürstlich entlohnt. Nicht selten steht man dann trotzdem im nächsten Frühjahr vor einem grünen trüben Wasserloch und versteht die Welt nicht mehr.

Aquarianer wissen es schon lange: Laub verrottet je nach Art sehr langsam, liefert aber wertvolle Huminstoffe (Gerbsäuren), die ausgesprochen pflegenden Charakter haben. Der pH-Wert wird leicht gesenkt, die Gerbstoffe wirken mild desinfizierend und manche Fische und Wirbellose profitieren von den damit eingebrachten Ballaststoffen als Nahrungsergänzung. Dies alles spielt sich in tropischen Warmwasseraquarien ab. Im Gartenteich wird eingewehtes Laub im Winter so gut wie gar nicht zersetzt, weil auch die am Abbau organischer Substanzen beteiligten Organismen bei sehr niedrigen Temperaturen ihren Stoffwechsel enorm drosseln. Doch damit nicht genug. Reifes Laub, zum Beispiel das des in der Aquaristik bekannten Seemandelbaums *Terminalia catappa*, bringt ebenfalls die vorhin erwähnte Braunfärbung des Wassers, was sich neben anderen Vorteilen algenhemmend bemerkbar macht.

Der Autor hat seit über 20 Jahren trotz reichlichen Eintrags kein Blatt aus dem Teich gefischt und hatte trotzdem (oder gerade deshalb?) noch nie eine Algenplage zu verzeichnen.

rechts:
Auch in diesem winzigen Tümpel, der nur vom Grundwasser gespeist wird, liegt eine Laubschicht von mindestens 30 cm Höhe. Wasserpest und Brunnenkresse (*Nasturtium officinale*) gedeihen prächtig, von Algen keine Spur.

Cooler Tipp für heiße Tage

Steigen die Temperaturen durch vermehrte Sonneneinstrahlung, beschleunigt sich der Stoffwechsel der meisten Lebewesen im Gartenteich. Pflanzen und Algen wachsen durch mehr Licht schneller, verbrauchen mehr Nährstoffe, assimilieren mehr CO_2 und produzieren bei Tag mehr Sauerstoff. Durch den hohen CO_2-Verbrauch steigt der pH-Wert steil an und kann im Extremfall sehr gefährliche Höhen erreichen. Die vermehrte Sauerstoffproduktion wird bereits am Tag durch den ebenfalls höheren Sauerstoffbedarf der Tiere weitgehend kompensiert. Bei Nacht kommt hinzu, dass Pflanzen und Algen keinen Sauerstoff mehr produzieren, sondern vermehrt verbrauchen und wieder CO_2 abgeben. Allgemein kann wärmeres Wasser weniger Sauerstoff binden und so entsteht in mit Fischen besetzten Teichen ein immer größer werdendes Problem.

Da in den heißen Tagen des Jahres auch der Wasserbedarf der Gartenpflanzen steigt und deshalb sowieso gegossen werden muss, kann man mehrere Fliegen mit einer Klappe schlagen: Bewässern Sie konsequent ihre Pflanzen mit Wasser aus dem Teich und ersetzen Sie es durch kaltes Leitungswasser, das Sie am besten mit einem Brausekopf in den Teich sprühen.

links:
Für alle Beteiligten eine feine Sache, so eine kühle Dusche an heißen Tagen.

- Das Teichwasser enthält wertvolle Nährstoffe für die Gartenpflanzen.
- Überschüssige Nährstoffe werden aus dem Teich entnommen = weniger Algenbildung.
- Das Frischwasser ist sauberer, sauerstoffreicher und senkt die hohen Temperaturen.
- Ihre Fische fühlen sich wohler, Teichpflanzen wachsen besser.
- Die Gartenpflanzen wachsen durch die Düngung aus dem Teich ebenfalls besser.

Licht und Schatten

Wo Licht ist, ist auch Schatten – diese Volksweisheit trifft bei manchen Teichen nicht uneingeschränkt zu. Vor allem neu angelegte Gartenteiche bekommen den ersten Schatten manchmal erst dann, wenn die Besitzer am Rand stehen und entsetzt die prächtig wuchernden Algen betrachten.

Es ist ein wohlfeiler guter Rat, den Teich genau am richtigen Platz anzulegen. So soll er einerseits genug Schatten bekommen, um zu verhindern, dass es den Algen zu wohl wird. Aber er braucht selbstverständlich für die Seerosen und insbesondere um einige schöne tropische und subtropische Schwimm-

pflanzen auch zur Blüte zu bringen, unbedingt genügend Sonne. Es fehlt eigentlich nur noch die Empfehlung, den Gartenteich in der klimatisch günstigsten Region des Landes anzulegen.

Was tun, wenn der Vorbesitzer oder man selbst den Teich an der falschen Stelle des Gartens angelegt hat? Die Planierraupe anrücken lassen? Keine Sorge, es gibt für fast alle Probleme auch brauchbare Lösungen. Zum Beispiel kann man sowohl die Randbepflanzung, als auch die Gesellschaft der empfehlenswerten Unterwasserpflanzen an die jeweiligen Lichtverhältnisse eines Standortes angepasst auswählen. Etwas langsamer, aber dafür nachhaltiger, kann die Umgebung mit Schattenspendern aller Art ziemlich gezielt gestaltet werden. Sinnvoll ist es, dafür Fachleute zurate zu ziehen.

Bei relativ kleinen Teichen kann auch ohne große Vorplanung und überaus flexibel ein großer Sonnenschirm oder ein Sonnensegel für ausreichend Schatten sorgen. Oft genügt aber auch schon eine großblättrige Seerose, übermäßige Sonneneinstrahlung zu mildern. Den Wasserhyazinthen *Eichhornia crassipes* dürfte es in unseren Breiten nie zu sonnig sein. Wer so exotische Blütenpracht liebt, sollte dem Teich reichlich Sonne gön-

Die Braunfärbung durch Erlenzapfen verändert das Licht und kann durchaus Algenwuchs eindämmen. Wer jedoch braunes Wasser nicht mag, muss wohl oder übel auf diese Hilfe verzichten. Wie hier zu sehen, ist das Wasser zwar bräunlich gefärbt, aber keineswegs trüb.

Erlenzapfen sind wertvolle Gerbstofflieferanten und verändern das Lichtspektrum zu Ungunsten der Algen.

nen. Gerade solche Schwimmpflanzen sind es, die den Algen nicht nur das Licht streitig machen, sondern ihnen durch starke Nährstoffkonkurrenz kräftig zusetzen.

Schon früh machte man die Erfahrung, dass Torf auf geheimnisvolle Weise Algenwuchs bremsen kann. Algen werden zwar selten durch Torf vernichtet, aber ihr Wachstum geht oft sichtbar zurück und in Fällen von nicht allzu starker Schwebealgenblüte kommt es auch zu spontanem vollständigen Verschwinden der Algenblüte. Es sind nicht geheimnisvolle Inhaltsstoffe des Torfs, sondern die mehr oder weniger starke Braunfärbung des Wassers und damit die Veränderung des Lichtspektrums und der Lichtstärke, die für den Erfolg sorgen.

Da die Anwendung von Torf bei Umwelt- und Naturschutz berechtigterweise zunehmend kritisch gesehen wird, sind andere Möglichkeiten mit den gleichen Ergebnissen „entdeckt" worden. Man muss nur ein wenig die Natur selbst beobachten. Dann fällt auf, dass Erlen überwiegend nah an Ufern vieler Fließ- und Stillgewässer wachsen. Ihre Früchte, die Erlenzapfen, fallen reif alljährlich in erheblichen Mengen ins Wasser und – Sie werden es ahnen – färben dieses wesentlich stärker als Torf und dies mit deutlich geringerer Masse.

Der kleine Unterschied

Obwohl Algen ebenfalls Pflanzen sind und somit nahezu gleiche Bedürfnisse haben, gibt es einen deutlich erkennbaren Unterschied. Höhere Wasserpflanzen bevorzugen ein reduzierendes Milieu, wie es zum Beispiel sogenannte Sickerquellen bieten: Sauerstofffreies Sickerwasser, das alle wichtigen Spurenelemente und reichlich CO_2 enthält, versorgt sie ohne Unterbrechungen mit allem Lebensnotwendigen. In einer solchen Umgebung sind sie den Algen überlegen und drängen sie entsprechend zurück.

Algen leben eher in einem oxidierenden Milieu, also in sehr klarem und sauerstoffreichem Wasser. Für sie ist es kein Problem, sich oxidierte Nährstoffe verfügbar zu machen. Vor allem profitieren sie aber, wenn keine höheren Pflanzen als Konkurrenten um Nährstoffe und Raum in Erscheinung treten.

Viele Pflanzen lieben etwas ruhigere Verhältnisse, während es für Algen durchaus turbulent zugehen darf.

UV-C-Lampen

UV-C-Wasserklärer haben nicht nur Vorteile. Vor allem ihren Dauereinsatz sollte man gründlich überdenken

Zweifellos gelingt es, mit entsprechend starken UV-C-Strahlern, Schwebealgen verschiedener Gattungen sehr stark zu dezimieren. Da UV-Lampen genau wie andere Leuchtstofflampen nur eine begrenzte Zeit ihre volle Leistungsfähigkeit behalten, lässt ihre Wirkung bei Dauereinsatz oft überraschend schnell nach. Geht man von 7.000 Brennstunden mit einigermaßen ausreichender Leistung aus und lässt die Lampe im Dauerbetrieb arbeiten, so muss man realistisch sehen, dass eine Lampe nur eine Saison hält und in der nächsten ausgetauscht werden muss.

Verblüffend ist, dass viele Teichbesitzer glauben, dass der Teich durch UV-C-Einsatz irgendwie „sauberer" wird. Das Gegenteil ist eigentlich der Fall. Denn auch Schwebealgen und andere Planktonorganismen nehmen erhebliche Mengen Schad- und Nährstoffe auf und reinigen dadurch das Wasser. Bringt man die Algen ohne weitere, begleitende Maßnahmen einfach um, geben diese sämtliche Stoffe, aus denen sie ihre Masse aufgebaut haben, fast schlagartig wieder ans Wasser ab. Wird dann nicht sehr schnell sehr viel Wasser gewechselt (80 - 90 % sind empfehlenswert), ist es oft nur eine Frage von Tagen oder wenigen Wochen, bis sich die nächste Algengeneration, oder eine andere Algenart, diese Nährstoffe wieder einverleibt. Fällt eine Anlage aus technischen Gründen aus, kommt es oft zu extrem schneller Massenvermehrung von Schwebealgen. Dies ist der untrügliche Beweis dafür, dass mit UV-C-Einsatz niemals die Ursachen, sondern immer nur Symptome behandelt werden.

UV-C-Strahler werden unter anderem auch eingesetzt, um den Fischen (hauptsächlich Koi) ein Wasser zu bieten, in dem möglichst wenige potenziell pathogene Keime vorhanden sind. Dies gelingt auch, bei ausreichender Leistung der Lampen, recht gut. Man vergisst dabei aber allzu gern, dass sich Massenvermehrung von Bakterien nur in entsprechend belastetem Wasser abspielt und die UV-Strahler an dieser Belastung überhaupt nichts ändern können. Fällt dann die Anlage durch einen Defekt aus, finden die verbliebenen Keime einen mehr als reich gedeckten Tisch und vermehren sich derartig schnell, dass die Fische mit einer solchen Invasion nicht mehr fertig werden. Es ist also nicht, wie man lange Zeit glaubte, das „arbeitslose" und nicht trainierte Immunsystem der Fische, das in solchen Fällen zur Katastrophe führt, sondern die Unmenge an Nährstoffen, die beim Ausfall des Strahlers die Populationen der Keime und Algen förmlich explodieren lässt.

In der professionellen Massenhaltung von Fischen kann der Einsatz von starken UV-C-Lampen durchaus sinnvoll sein. Trotzdem sollte gerade in solchen Fällen auch der Wasserwechsel nicht vernachlässigt werden.

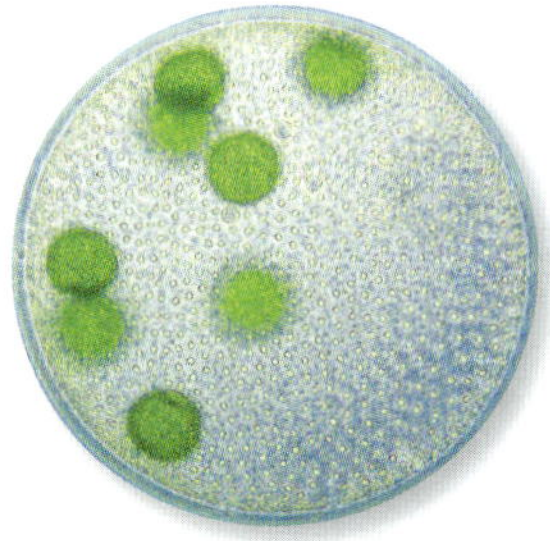

Um welche Algen geht es?

Grundsätzlich gibt es Hunderte von Gattungen und Tausende verschiedener Algenarten, die in Gartenteichen auftreten können. Für Menschen mit eher wissenschaftlichem Interesse an Algen sind Gartenteiche unerschöpfliche Quellen, in denen es ständig Neues und Interessantes zu entdecken gibt. Für die von Algen geplagten Teichbesitzer spielen dagegen nur drei große, übergeordnete Gruppen eine Rolle: Schwebealgen, Fadenalgen und festsitzende Algenarten. Ihr Interesse gilt nicht der Taxonomie, sondern vorwiegend der Bekämpfung von Algen.

In dieser noch moderaten Algenblüte fühlen sich Koi ausgesprochen wohl.

Nicht nur in Teichen blühen Schwebealgen. Auch Marktbrunnen sind davon betroffen, wenn das Wasser genügend Nährstoffe enthält. Das Schildchen „Kein Trinkwasser“ ist hier kaum nötig.

Schwebealgen

Sie sind auch als „grünes Wasser" bekannt und gefürchtet. Meistens handelt es sich dabei um Grünalgen verschiedener Gattungen, manchmal auch um Blaualgen, Augenflagellaten, Dinoflagellaten, Zieralgen, Kieselalgen und nicht gerade selten sogar um eine bunte Mischung aus dieser Aufzählung.

Schwebealgen sind unter anderem deshalb besonders unbeliebt, weil man bei starker Vermehrung Fische nur noch erkennt, wenn sie an die Oberfläche kommen um zu fressen. Alljährlich beginnt die „Saison" dieser Algen mit den ersten sonnigen Tagen im zeitigen Frühjahr und endet erst im Spätherbst, wenn die Tage wieder kürzer werden und die Sonne tief steht.

Biologisch betrachtet sind Schwebealgen erst dann ein Problem, wenn sie aus irgendwelchen Gründen plötzlich absterben und von Bakterien abgebaut werden. Dann kann tatsächlich auch der seltene Fall von echtem Sauerstoffmangel auftreten. Solang die Algen jedoch am Leben sind, produzieren sie schier unglaubliche Mengen von Sauerstoff. Bei starken Algenblüten sind 200 bis 300 % keine Seltenheit. In Extremfällen kann es dann sogar zur sogenannten Gasblasenkrankheit der Fische kommen.

Ursache solcher Massenvermehrung ist grundsätzlich ein erheblicher Überschuss von Nährstoffen. Diese stehen bei ausreichender Lichtstärke und fehlender Konkurrenz durch schnellwüchsige Unterwasserpflanzen allein den Algen zur Verfügung. Besonders auffällig ist, dass Schwebealgen in großen Mengen nahezu ausschließlich in Gartenteichen mit Fischbesatz, aber fast nie in naturnahen Teichen vorkommen.

Während man bei allen anderen Gruppen relativ einfach auch mechanisch einschreiten kann, ist dies bei Schwebealgen nicht ohne besondere Hilfsmittel möglich. Deshalb ist auch das Angebot chemischer Bekämpfungsmethoden gegen grünes Wasser besonders reichhaltig, aber auch entsprechend gefährlich. Selbst die „giftfreie" Bekämpfung mit UV-C-Wasserklärern kann bei starken Wasserblüten in einem Desaster enden, wenn es nicht gelingt, die absterbenden Algen schnellstmöglich zu entfernen.

In dieser Dichte kann es allerdings schon zu Problemen kommen, wenn die Algen aus irgendeinem Grund absterben. Bei ihrer Zersetzung wird sehr viel Sauerstoff gebraucht.

Füllt man die grüne Suppe in ein Becherglas und setzt es dem Sonnenlicht aus, bilden sich in kürzester Zeit viele Sauerstoffblasen. Das Wasser ist dann übersättigt mit O_2.

Schwebealgen bei 400-facher Vergrößerung: *Selenastrum gracile*, die Zierliche Sichelhaufenalge und *Scenedesmus quadricauda*, die Geschwänzte Gürtelalge. Beide gehören zu den Grünalgen.

Bei nicht allzu starken Algenblüten können Teichmuscheln und Wasserflöhe durchaus zur Klärung beitragen.

Fadenalgen

Auch bei dieser zweitgrößten Gruppe machen die Grünalgen den Löwenanteil aus. Sie stehen den höheren Pflanzen näher als alle anderen Gruppen, was ihnen den zweifelhaften Ruf eingebracht hat, sie seien ein Indikator für „optimale" Wasserverhältnisse. Dies gilt allerdings nur dann, wenn es sich um kleinere Populationen dreht und gleichzeitig gut wachsende höhere Wasserpflanzen nicht unter ihnen leiden.

Bei Massenentwicklung haben sie einfach den Konkurrenzkampf um die überschüssigen Nährstoffe gewonnen und sich gegen andere Algen und höhere Pflanzen erfolgreich durchgesetzt. Mechanische Entfernung ist fast immer möglich und selbstverständlich die schonendste Bekämpfungsmöglichkeit. Außerdem hat die Bekämpfung durch Förderung der natürlichen Konkurrenten bei festsitzenden Fadenalgen noch eine weitere wichtige Dimension: Anders als bei Schwebealgen spielt hier auch der Kampf um genügend Raum und Licht eine wichtige Rolle.

Gerade weil grüne Fadenalgen den höheren Pflanzen systematisch relativ nahestehen, macht ihre Bekämpfung mit chemischen Mitteln

Bei derartigen Algenmassen gibt es nur eine vernünftige Lösung: mechanisch entfernen. Es sind überwiegend *Spirogyra*-Arten, die zu den sogenannten Jochalgen zählen. Aber auch Vertreter der Gattungen *Mougeotia* und *Cladophora* findet man oft in solchen Konglomeraten.

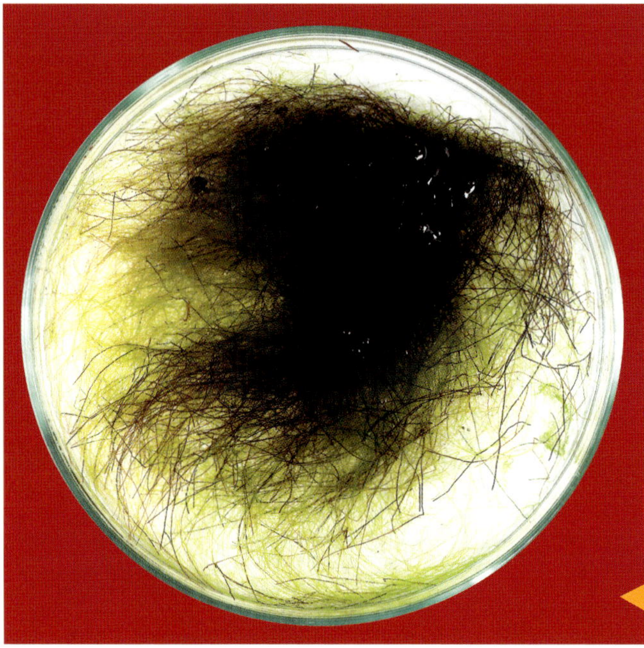

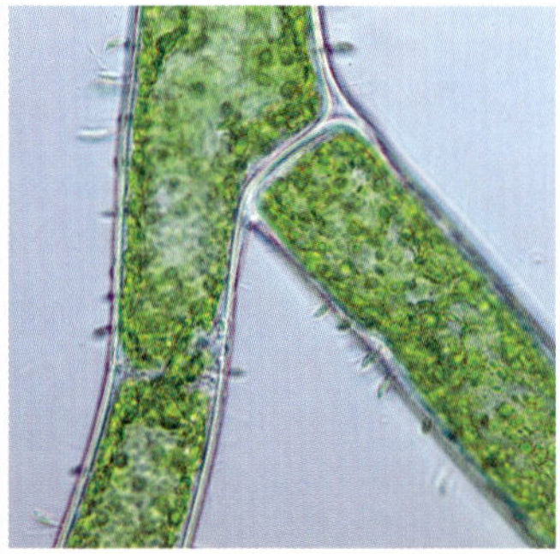

Cladophora sp. ist in Teichen häufig als grüne Fadenalge anzutreffen. Hier ist sie mit einer Art „Rinde" aus braunen Kieselalgen überzogen.

Mougeotia sp. bildet extrem dünne, unverzweigte Fäden und ist in der Masse kräftig grün gefärbt.

immer dann gar keinen Sinn, wenn Unterwasserpflanzen vorhanden sind. Algizide wirken selbstverständlich nicht nur auf Algen, sondern schädigen oder töten auch die submers (unter Wasser) wachsenden Pflanzen.

Wäre die Algenbekämpfung mit chemischen Mitteln nicht insgesamt ein ziemlich trauriges Kapitel, könnte man über spezielle Spielarten der Fadenalgenbekämpfung fast herzhaft lachen. Gibt es doch Algenmittel, die man ganz gezielt direkt auf die Fadenalgen streuen muss, um sie abzutöten. Man soll dabei tunlichst vermeiden, die erwünschten höheren Pflanzen mit dem Mittel ebenfalls zu treffen, denn sonst würden sie auch das Zeitliche segnen. Irgendwie erinnert so eine Methode stark an das gezielte Werfen von Mottenkugeln auf Kleidermotten. Wenn man schon den Algen so auf den Pelz rücken muss, warum kann man sie dann nicht direkt entfernen?

Spirogyra ist die mit Abstand häufigste Gattung unter den grünen Fadenalgen im Gartenteich. Sie sind aber wie die anderen Fadenalgen relativ leicht mechanisch zu entfernen.

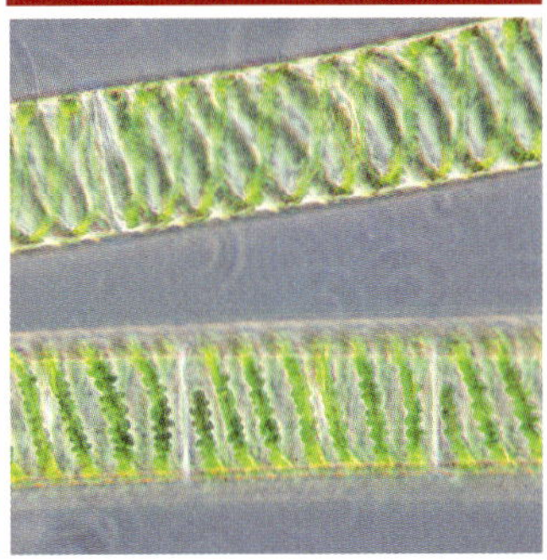

„Fadenalgen entfernt man am besten mechanisch", denkt sich wohl die Algen-Katze. Wer kein so williges Tier hat, muss mit der „Algen-Hexe" oder ähnlichem Werkzeug selbst aktiv werden.

Algenfresser

Sogenannte „Algenfresser" sind im Gegensatz zu den bekannten Arten für das Aquarium nicht empfehlenswert. Sie sind nicht nur sehr groß, sondern fressen teilweise neben Algen auch alle Teichpflanzen. Außerdem haben sie natürlich auch ihren regen Stoffwechsel und verstärken dadurch oft die Algenprobleme noch mehr.

Auch die Anschaffung des manchmal als „Geheimtipp gegen Algen" angebotenen Wimpelkarpfen, *Myxocyprinus asiaticus* sollte man sich reiflich überlegen. Mit 60 cm Länge ist der Fisch für die meisten Teiche viel zu groß und belastet das Wasser zusätzlich.

Auch Daphnien, „Wasserflöhe", sind recht nützliche Schwebealgenfresser, wenn sie nicht selbst von Fischen gefressen werden.

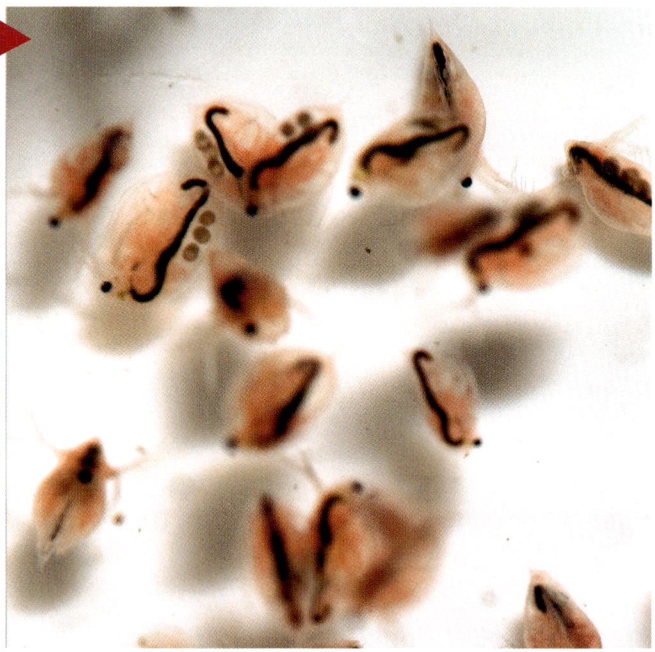

Spitzschlammschnecken, *Lymnaea stagnalis*, kümmern sich nicht nur um die Reste vergangener Pflanzenpracht, sondern fressen auch Algen und halten die Oberfläche sauber. Wird die Nahrung knapp, sind sie mit Gurken- und Zucchinischeiben leicht bei Laune zu halten.

Als Filtrierer können Teichmuscheln bei Wasserblüten (Schwebealgen) durchaus nützlich sein.

Festsitzende und Kolonien bildende Algen

Die nicht besonders homogene Gruppe von Algen fällt seltener auf als Schwebe- und Fadenalgen. Für fachlich Interessierte herrscht hier aber die größte Vielfalt – ein Eldorado für mikroskopierende Naturfreunde. Ungeachtet dessen werden aber auch diese aus vielen verschiedenen Familien, Gattungen und Arten stammenden Algen nur selten geduldet. Bei besonders auffälligen Arten wie zum Beispiel *Gloeotrichia* (Gallertkugeln bildende Blaualgen) oder *Haematococcus* (eine knallrote Grünalge) ist dies auch verständlich. Bei anderen, wirklich unauffälligen Arten muss man schon etwas pingelig sein, um auch sie unbedingt vernichten zu wollen.

Die Blaualgen (Cyanobakterien) *Gloeotrichia* bilden braune, „behaart" aussehende Gallertkugeln aus unzähligen Trichomen (Zellfäden). Besondere Zellen an den Spitzen der Fäden, sogenannte Heterocysten, ermöglichen diesen Blaualgen die Stickstofffixierung. Sie sind deshalb nicht auf Ammonium oder Nitrat angewiesen.

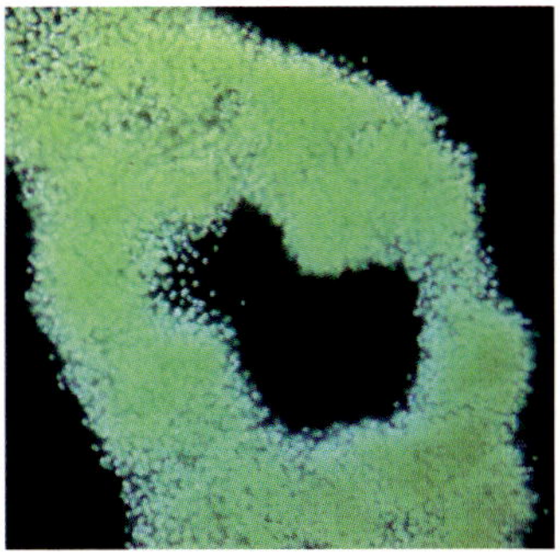

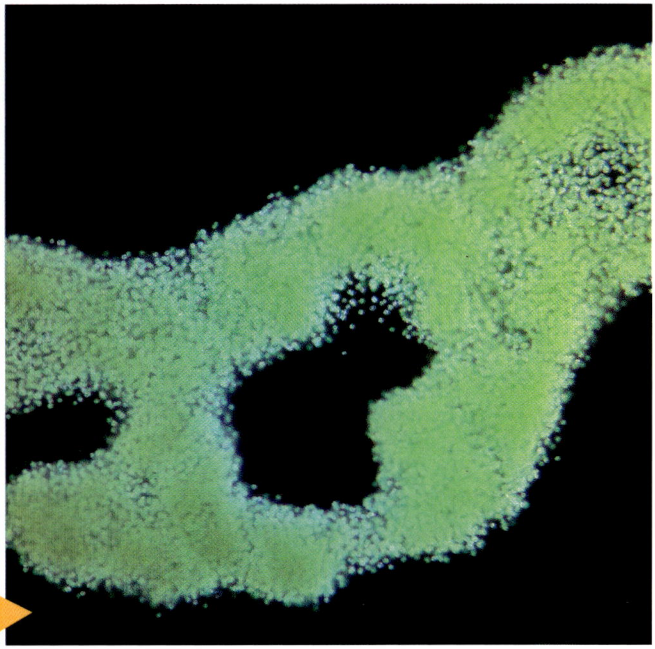

Microcystis aeruginosa ist eine weitere Kolonien bildende Blaualge, die allerdings in Gartenteichen nur relativ selten vorkommt. Sterben große Populationen dieser Cyanobakterien ab, wird ein spezielles Gift, Microcystin, freigesetzt.

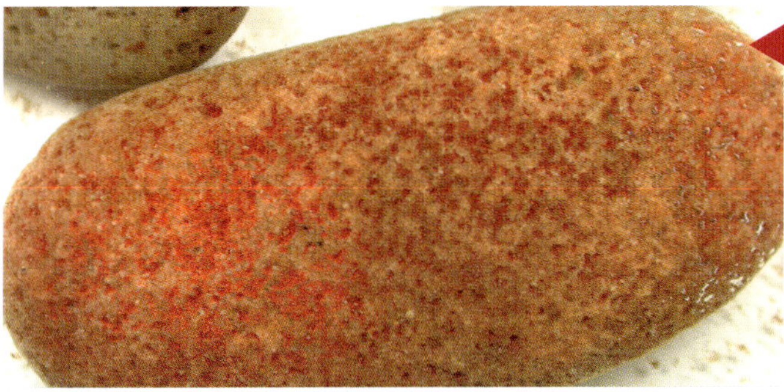

Haematococcus pluvialis, die Blutregenalge fällt durch ihre intensive Rotfärbung auf – und ist doch eine Grünalge, die nur in ihrem Flagellatenstadium grün gefärbt ist.

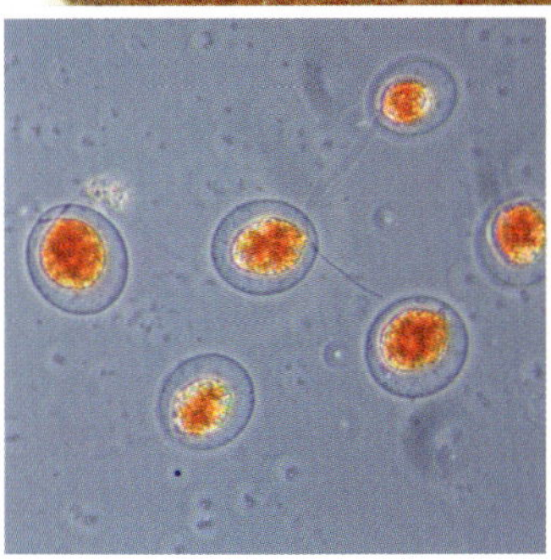

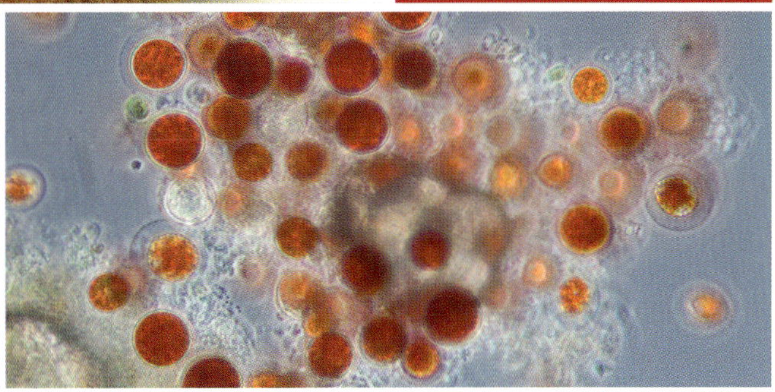

Kieselalgen (Diatomeen), fälschlich als „Braunalgen“ bezeichnet, sind mit 100.000 Arten die wohl mit Abstand artenreichste Klasse überhaupt.

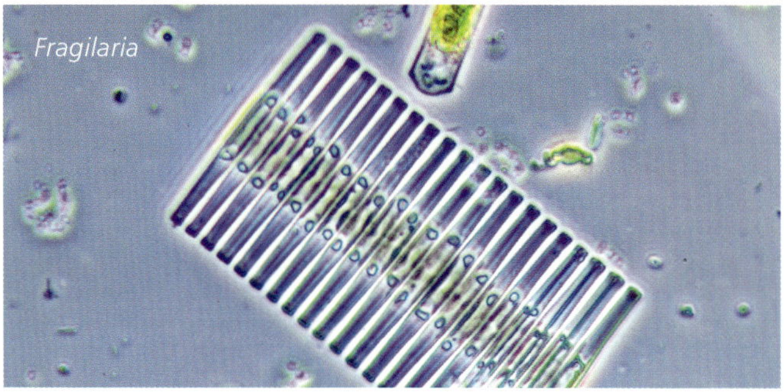

Fragilaria

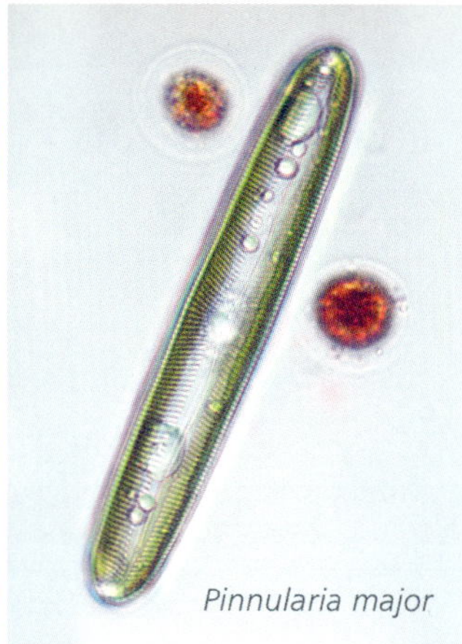

Pinnularia major

Chaetophora die Borsten-Grünalge kommt zwar relativ häufig vor, tritt jedoch selten wirklich störend in Erscheinung.

Algenbekämpfung

Flockungsmittel

Trübungen durch Schwebealgen sind Teichbesitzern so verhasst, dass sie oft auch vor der chemischen Keule nicht zurückschrecken. Deshalb finden chemische Flockungsmittel, sowie regelrechte Pflanzengifte alljährlich ihre Abnehmer. Zum Beispiel Eisen-(III)chlorid oder Aluminiumsalze schaffen, richtig dosiert, ziemlich schnell „klare Verhältnisse", da Schwebealgen zusammen mit anderen Trübstoffen ausflocken und sich zunächst im Filter oder am Bodengrund absetzen. Werden sie dort aber nicht extrem schnell komplett entfernt, setzen sie bei ihrer Zersetzung schnell alle Makro-Nährstoffe wie Phosphat und Nitrat wieder frei und die nächste Algengeneration oder andere Algenarten freuen sich über einen reich gedeckten Tisch. Offiziell dürfen Flockungsmittel nicht mehr als Algenbekämpfungsmittel bezeichnet werden, weil ihre

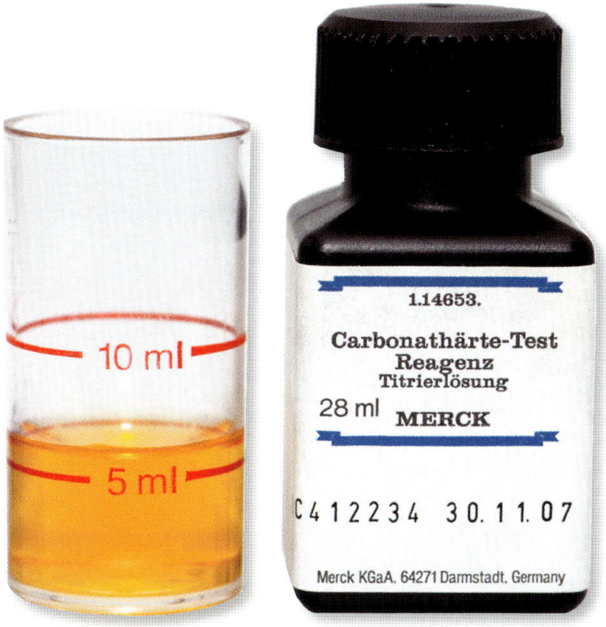

Vor der Anwendung von Flockungsmitteln ist die Messung der Karbonathärte mit einem Tropftest unbedingt notwendig. Unter 4 °dKH sollten sie auf keinen Fall verwendet werden.

Bei der sowieso sehr umstrittenen Haltung von Sterlets sollten Flockungsmittel absolut tabu sein. Es besteht Lebensgefahr für sie!

Wirkstoffe nicht als Algizide anerkannt sind. Trotzdem werden sie ohne diese Auslobung einfach „gegen Trübungen" weiter verkauft und verwendet.

Flockungsmittel senken bei unzureichender Pufferung (geringe Karbonathärte) den pH-Wert sehr schnell. Dies bedeutet in vielen Fällen für die Teichfische den sicheren Tod durch Kiemenverätzungen und dadurch Sauerstoffmangel. Der Hinweis auf eine notwendige Karbonathärte von mindestens 4 °dH wird zwar inzwischen etwas deutlicher vermerkt, aber nur in seltenen Fällen auch unmittelbar in einen Zusammenhang mit einer Gefahr für die Fische gestellt.

Es gibt erstaunlich viele Weichwassergebiete mit Karbonathärten deutlich unter 4 °dH und unzählige Gartenteiche werden nur mit Regenwasser gefüllt, das keine Karbonathärte aufweist. Dazu kommt, dass ein extrem hoher Prozentsatz von Teichbesitzern mit „Karbonathärte" rein gar nichts anfangen, geschweige denn, sie zuverlässig messen kann.

Bevor Sie aus Ihrem Gartenteich ein chemisches Versuchslabor machen, sollten Sie auch an die unzähligen Larvenstadien verschiedener Insekten denken.

Algizide

Fadenalgen werden von den relativ harmlosen Flockungsmitteln nicht beeinträchtigt. Ihnen versucht man dann mit Giftstoffen wie Kupfersulfat oder anderen Kupferverbindungen, oder mit Herbiziden zuleibe zu rücken. Dies gelingt auch, je nach Dosierung, recht flott. Stinkende, Sauerstoff zehrende Algenmassen zersetzen sich nach dem Einsatz am Boden, eventuell vorhandene Unterwasserpflanzen schließen sich dem Massensterben gleich mit an, Bakterien und Milliarden von Kleinlebewesen, Insektenlarven und Schnecken werden ebenfalls vernichtet. Solche Kupfermengen sind sogar für Fische toxisch. Mancher verzweifelte Hilferuf, wenn Fische ohne äußere Symptome sterben, würde sich ohne solche Vergiftungen erübrigen. Was aber wird dem Teichbesitzer geraten? Auch gegen nicht zu diagnostizierende „Krankheiten" gibt es Tröpfchen, die angeblich „gegen alles" helfen sollen. Damit hat man dann meistens die nächste Kupferdosis oder andere Giftstoffe in den Teich geträufelt. Das Ergebnis solcher Aktionen ist oft ein kristallklares Wasser, das aber alles Lebendige tötet oder schwer schädigt.

Ein Kupferklotz mit 150 g Gewicht wird, folgt man der Empfehlung eines Herstellers, per Elektrolyse während einer Saison in einem Teich gelöst. Im Prospekt steht u. A.: „Die Kupferionen oder Minerali-

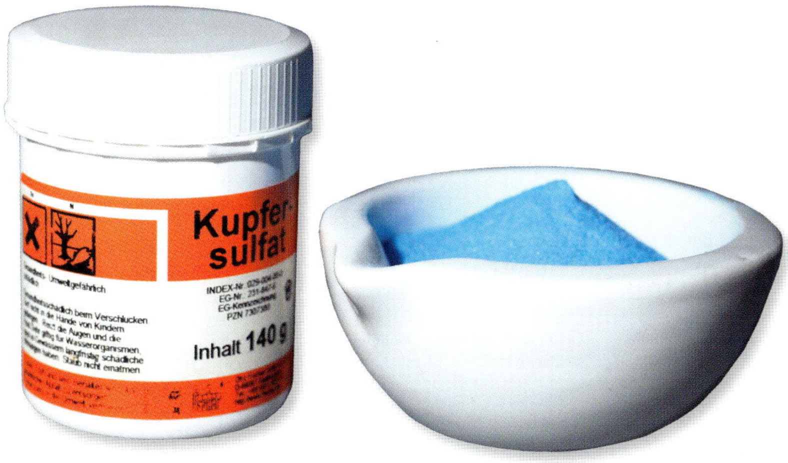

Mit Kupfer und anderen Algiziden werden nicht nur Algen abgetötet. Auch alle Pflanzen, Kleinlebewesen und letztlich die Fische sind dadurch gefährdet.

en bekämpfen in einer bestimmten Konzentration auf natürliche Weise Algen." Natürlich? Natürlich! Mit dem Hammer kann man Algen auch ziemlich natürlich vernichten! Schlimm an solchen Geräten ist einfach die Tatsache, dass kein Milligramm Kupfer wieder aus dem Teich heraus kommt, sondern es fällt aus und kann jederzeit, z. B. durch eine Senkung des pH-Werts durch einen kräftigen Regenguss wieder in Lösung gehen und dann sind kurzzeitig Unmengen giftigen Kupfers im Wasser.

Laut Hersteller sind 0,2 bis 0,3 mg/l Cu „für Menschen, Fische und Pflanzen" eine „absolut ungefährliche Konzentration".

Krause schreibt z. B. im „Handbuch Aquarienwasser" Folgendes zum Thema Kupfer:

„Bei Dauereinwirkung muss ab 0,2 bis 0,5 mg/l Cu^{2+} mit Todesfällen bei Fischen gerechnet werden. Schädigungen sind zu erwarten ab 0,03 mg/l bei Algen, Bakterien (Filter!), 0,08 mg/l bei Höheren Wasserpflanzen, 0,10 mg/l bei Fischen.

Insbesondere bei weichem Wasser gelten daher bereits 0,03 mg/l Kupfer als bedenklich und erfordern Gegenmaßnahmen."

Foto: K.-H. Liebisch, pixelio.de

Zahllose Teiche werden mit reinem Regenwasser betrieben, enthalten also genau dieses weiche Wasser, in dem Kupfer extrem schnell gefährlich werden kann.

Für diese Art der Algenbekämpfung gibt es genau zwei Möglichkeiten: Entweder führt man solche Mengen an Kupfer zu, dass die Algen tatsächlich vernichtet werden, dann werden aber mit absoluter Sicherheit auch Pflanzen, Bakterien und sonstige Kleinlebewesen getötet, sowie Fische und Amphibien schwer geschädigt. Oder man reduziert die Kupfermenge auf geringste Freisetzung, dann bleibt alles wie es war, die Algen lachen sich bestenfalls tot und man hat viel Geld aus dem Fenster geworfen.

Eine weitere Gefahr entsteht, wenn im Sommer größere Mengen Algen vergiftet werden: Sie zersetzen sich und es werden dadurch ungeheure Mengen an Sauerstoff verbraucht. Da die Algen und Pflan-

Die bessere Alternative zur chemischen Keule: reichliche Bepflanzung im Uferbereich und schattenspendende Seerosen.

Foto: SXC

zen unter solchen Bedingungen keinen Sauerstoff mehr erzeugen und meist um diese Zeit mit stark sauerstoffzehrender Erwärmung des Wassers zu rechnen ist, werden insbesondere sauerstoffbedürftige Fische regelrecht umgebracht. Störe (Sterlets, Waxdick), Forellen, Goldorfen, Rotaugen usw. überleben solche Algenvernichtungsaktionen meist nicht. Da Leberschädigungen nicht sofort auffallen, bringen Teichbesitzer die Anwendung von Kupfer gegen Algen nicht mehr mit dem Tod der Fische nach mehreren Monaten in Verbindung.

Selbst Herbizide, also schlicht „Unkrautvernichtungsmittel", die jedoch den verharmlosenden Namen „Pflanzenschutzmittel" bekommen haben, werden zur Algenbekämpfung im Gartenteich eingesetzt und sollen angeblich anderen Pflanzen und Tieren nicht schaden.

Das Herbizid Monolinuron (ein Harnstoffderivat) findet man derzeit in über 60 Algenmitteln für Aquarien und Gartenteiche.

Beliebt ist auch die Kombination Monolinuron und Kupfersulfat. Natürlich kommt bei Kritik sofort der entwaffnende Einwand, dass ja schon Paracelsus sagte, dass die Dosis das Gift mache. Tatsache ist aber doch ohne jeden Zweifel, dass man als Hersteller solcher Algenmittel damit auch Algen vernichten, also töten will. Und Algen sind nun einmal Wasserpflanzen.

Monolinuron selbst darf nur mit den vorgeschriebenen Kennzeichnungen und Gefahrenhinweisen in Verkehr gebracht werden. Z. B.: „Schädlich für Wasserorganismen. Kann umweltgefährlich sein, vor allem für Algen und Wasserpflanzen. Freisetzung in die Umwelt bei normalem Gebrauch möglich. Zusätzliche Freisetzung, z.B. durch ungeeignete Entsorgung, sollte sorgfältig vermieden werden." Monolinuron ist in die Wassergefährdungsklasse (WGK) 3, „stark wassergefährdend" eingeteilt. Es trägt die Gefahrstoffkennzeichnungen Xn = Gesundheitsschädlich und N = Umweltgefährlich. Bei „Zubereitungen", die solche Algizide beinhalten, müssen leider nicht zwingend alle Gefahrenhinweise vorhanden sein.

links von oben:
Nach einer missglückten chemischen Algenbekämpfung - die absterbenden Algen wurden nicht entfernt. Algen tot, Pflanzen tot, Fische tot …

Eindeutige Kennzeichnung für den Hauptwirkstoff vieler Algenvernichter: Kupfersulfat ist „Sehr giftig für Wasserorganismen, kann in Gewässern langfristig schädliche Wirkungen haben." Auf Verpackungen von Algenmitteln, die Kupfersulfat enthalten, findet man dagegen häufig den schönen Satz „… unschädlich für Tiere und Pflanzen".

Tipp

Lesen Sie nicht nur die vollmundigen Versprechungen auf den Produktbeschreibungen, sondern bis zum buchstäblich bitteren Ende - der Deklaration.

Pflanzen gegen Algen

Kleider machen Leute – und Uferpflanzen machen Teiche.

Uferpflanzen sind für Gartenteiche aller Art seit jeher unumstritten. Dass es aber auch reine Unterwasserpflanzen gibt, die den Algen als Konkurrenten um die Nährstoffe das Leben schwermachen können, hat sich noch immer nicht ausreichend herumgesprochen. So sind meist Seerosen die einzigen „echten" Wasserpflanzen, die bekannt

sind und dementsprechend häufig eingesetzt werden.

Um keine Missverständnisse aufkommen zu lassen: Selbstverständlich ist eine reichhaltige und gut wüchsige Uferbepflanzung eine Augenweide und sehr hilfreich bei der Algenvorbeugung. Jedoch ist ihre diesbezügliche „Leistungsfähigkeit" in den meisten Fällen längst nicht ausreichend. So findet man oft wunderschön bepflanzte Teiche, die nur aus einiger Entfernung wirklich schön sind. Tritt man näher, entpuppt sich das Wasser als trübes Etwas, das die Betrachter nicht gerade in Begeisterung ausbrechen lässt.

Es würde den Rahmen des Buches völlig sprengen, an dieser Stelle Pflanzen vorzustellen, die nur entfernt mit dem Thema Algen zu tun haben. Dafür gibt es umfangreiche und sehr gute Literatur. Hier sollen Pflanzen gezeigt und empfohlen werden, die als echte Konkurrenten um Licht, Nährstoffe und Raum den Algen etwas entgegenzusetzen haben.

Doch manchmal trügt der schöne Schein, wenn man hinter die Kulissen schaut.

Salvinia auriculata, der Kleinohrige Büschelfarn, ist zwar in Mittel- bis Südamerika beheimatet, ist aber im Sommer in sonnigen Teichen durchaus einen Versuch wert.

Krebsscheren, *Stratiotes aloides*, gelten schon sehr lange als hervorragende Konkurrenten der Algen. Krebsscheren sind im Handel erhältlich. Als geschützte Art dürfen sie keinesfalls aus der Natur entnommen werden. Im Teich können sie unter geeigneten Bedingungen schnell zu Beständen heranwachsen, die andere Pflanzen verdrängen. Man sollte also rechtzeitig ordnend eingreifen.

Veronica beccabunga, Bachbunge oder Bach-Ehrenpreis, ist eine Sumpfpflanze, die recht üppige Bestände bildet, die den Algen ebenfalls Nährstoffe streitig machen.

Mit der Wasserpest, *Egeria densa*, hat man den Klassiker unter den Algenkonkurrenten im Teich. Auch verschiedene verwandte Arten sind gut geeignete, anspruchslose Helfer gegen überhandnehmende Algen.

Wie die diversen Arten der Wasserpest, sind auch die Hornblatt-, bzw. Hornkraut-Arten *Ceratophyllum demersum* hervorragend geeignet, um Algen in Schach zu halten. Wuchern sie einmal zu übermäßig, sind sie schnell aus dem Teich zu entfernen, denn es sind flutende Pflanzen, die keine Wurzeln bilden. Die rotstielige Art aus Mexiko ist attraktiver gefärbt, wächst aber erfahrungsgemäß etwas langsamer.

Lemna trisulca, die Dreifurchige Wasserlinse und *Lemna minor*, die kleine Wasserlinse sind äußerst vermehrungsfreudig und zehren gehörig an den Nährstoffen, wenn man sie denn wachsen lässt. Während *L. trisulca* leicht wieder dezimiert werden kann, ist dies bei *L. minor* nicht ganz so einfach. Trotzdem sind es gute Helfer, wenn man Algenwuchs eindämmen will.

Azolla filiculoides, der Algenfarn, bildet in Gartenteichen bei viel Sonne herrlich rot leuchtende Polster. Wie alle flott wachsenden Schwimmpflanzen ist auch dieses Pflänzchen ein guter Nährstoffkonkurrent für Algen und nimmt ihnen Licht weg.

Der Tannenwedel *Hippuris vulgaris* ist schon im zeitigen Frühjahr als noch reine Unterwasserform eine gute Prophylaxe gegen Algen. Später sowohl unter als auch über Wasser sehr dekorativ, nützlich und bei Libellen als Landeplatz beliebt.

Im sommerwarmen Teich sind auch tropische Schwimmpflanzen eine nützliche Attraktion mit hohem Nutzen. Hier *Pistia stratiotes*, die Muschelblume. Wichtig ist, sie nicht zu früh in den Teich zu setzen. Sie mag keine niedrigen Temperaturen.

Eine weitere wunderschöne tropische Schwimmpflanze, die aber nur bei viel Sonne zum Blühen kommt, ist *Eichhornia crassipes*, die Wasserhyazinthe. Schwimmpflanzen sind aber nicht nur schön, sondern machen den Algen tüchtig Konkurrenz.

Fazit

In jedem intakten natürlichen Gewässer ist sichtbar oder unsichtbar ein stetiger Wasseraustausch gegeben. Das biologische Gleichgewicht basiert darauf, dass Produzenten, Konsumenten und Destruenten in einem ausgewogenen Verhältnis miteinander leben. Mangel wird durch kontinuierlichen Frischwasserzufluss behoben, Nährstoffüberschuss und schädliche Stoffwechselprodukte werden durch entsprechenden Abfluss beseitigt.

Ein naturnaher Teich ohne Fische, in dem reichlich Unterwasserpflanzen wachsen und weder Technik, noch Algizide zum Einsatz kommen, bietet die besten Voraussetzungen, diesem Ideal nahe zu kommen. Vorausgesetzt, dass das fehlende Element, nämlich der Wasseraustausch, in einem vernünftigen Verhältnis zu den sonstigen Gegebenheiten steht.

Bei allen anderen Teichtypen sollte zumindest der Versuch unternommen werden, der Natur ein Stückchen näher zu kommen und sich nicht auf Technik und Chemie als vermeintliche Allheilmittel zu verlassen.

Den absolut algenfreien Teich kann es niemals geben, denn dieser wäre komplett lebensfeindlich und eine erschreckende Vision einer optisch reinen, aber biologisch toten Wasserwelt.

Was wirklich hilft:

- Algen mechanisch entfernen, nicht zerstören.
- Viele Unterwasser-, Schwimm- und Sumpfpflanzen ansiedeln.
- Nur geringen Fischbesatz pflegen. Dazu so viel wie nötig, aber so wenig wie möglich Technik einsetzen.
- In jedem Fall auf Algizide verzichten.
- Die natürlichste aller Möglichkeiten nutzen: Oft und viel Wasserwechsel.

Gartenteiche sind sehr wertvolle Kleinbiotope, die vielen Tier- und Pflanzenarten wieder eine Heimat geben. Naturnah gepflegt, sind sie höchst interessant, lehrreich und entspannend zugleich. Algenplagen gehören dann der Vergangenheit an.

Literaturverzeichnis

Amberger, Anton, Pflanzenernährung, Stuttgart 1996
Baur, Werner, Gewässergüte, Hamburg / Berlin 1980
Esser, Karl, Kryptogamen 1, Berlin Heidelberg, 2000
Günzel, Wolf Richard, Teiche und Moore, Ettlingen, 1996
Häder, Donat-P. (Hrsg.), Photosynthese, Stuttgart, 1999
Heath, O.V.S. Physiologie der Photosynthese, Stuttgart, 1972
Klee, Otto, Angewandte Hydrobiologie, Stuttgart, 1991
Klee, Otto, Wasseruntersuchung, Wiesbaden 1998
Krausch, Heinz-Dieter, Farbatlas Wasser- und Uferpflanzen, Stuttgart, 1996
Krause, Hanns-Jürgen, Handbuch Aquarienwasser, Ruhmannsfelden, 2007
Krause, Hanns-Jürgen, Handbuch Aquarientechnik, Ruhmannsfelden, 2004
Kremer, Bruno P., Mikroskopie, Stuttgart 2002
Lampert, Winfried / Sommer, Ulrich, Limnoökologie, Stuttgart 1999
Lawlor, D.W., Photosynthese, Stuttgart. 1990
Linne von Berg, Karl-Heinz, Melkonian M., Der Kosmos Algenführer, Stuttgart, 2004
Pott, Richard / Remy, Dominique, Gewässer des Binnenlandes, Stuttgart, 2008
Richter, Gerhard, Biochemie der Pflanzen, Stuttgart 1996
Round, F. E. Biologie der Algen, Stuttgart 1975
Rheinheimer, Gerhard, Mikrobiologie der Gewässer, Jena/Stuttgart 1991
Sauer, Frieder, Tiere und Pflanzen im Wassertropfen, Karlsfeld, 1995
Schwab, Helmut, Süßwassertiere, Stuttgart, 1995
Schwoerbel, Jürgen / Brendelberger, Heinz, Einführung in die Limnologie, München, 2005
Sommer, Ulrich, Algen, Quallen, Wasserfloh, Berlin Heidelberg, 1996
Streble, Heinz / Krauter, Dieter, Das Leben im Wassertropfen, Stuttgart, 1988
Steinle, Christian-Peter / Lechleiter, Sandra, Koi, Stuttgart, 1999
Teichfischer, Bernhard, Koi , Ettlingen, 1997
Teichfischer, Bernhard, Zauber asiatischer Wassergärten, Ettlingen, 2001
Von Willert, Dieter J. u. W., Experimentelle Pflanzenökologie, Stuttgart 1995
Van den Hoek, Christiaan, u. W., Algen, Stuttgart 1993

Kontaktadresse des Autors:
Bernd Kaufmann
Saarstr. 13
D-73431 Aalen
b.kaufmann@aquamax.de
www.aquamax.de
Telefon 07361/3 48 85